타인의 속마음,
심리학자들의
명언 700

한권으로 인간 심리세계를
통찰하는 심리학 여행서

700 WISE SAYINGS OF PSYCHOLOGISTS

타인의 속마음,
심리학자들의 명언 700

— 인문학자 **김태현** 펴냄 —

당신의 감정은 정확한 사고에서 비롯된 것이 아닐 수도 있다. 불쾌한 감정은 단지 당신이 무언가를 부정적으로 생각하고 그렇게 믿고 있다는 걸 말해 준다. 당신의 감정은, 마치 새끼 오리가 어미 오리를 졸졸 쫓듯 생각에 뒤따라 나타날 뿐이다.

_데이비드 D. 번스

행복한 인생을 살고 싶다면 어떻게 해야 할까요? 당연히 행복한 시간을 만들면 됩니다. 지적인 인생을 살고 싶다면, 마찬가지로 지적인 시간을 만들면 됩니다. 스스로의 인생을 불행하게 살고 싶은 사람은 없습니다.

모든 사람들은 불행한 삶을 살기를 바라지 않으며, 행복하게 살기를 바랍니다. 그런데 주위를 살펴보면 마냥 행복해 보이는 사람을 볼 수 있습니다. 반대로 항상 불행해 보이는 사람도 있습니다. 불행하게 사는 것처럼 보이는 이유는 바로 스스로 부정적인 생각을 하고 있기 때문입니다.

부정적인 생각이 우리의 정신을 빠르게 장악하는 이유는 무엇일까요? 본능적으로 두뇌의 설계가 그렇게 되어 있기 때문입니다. 머나먼 과거 원시 시대 사람들은 자손들을 길러낼 만큼 오래 생존하기 위해 이빨이 날카로운 호랑이에게 먹히는 등의 위험을 피해야 했습니다. 그렇기 때문에 긍정적인 사건보다는 잠재적인 위험과 위협과 같은 부정적인 요소에 예민해지게 되었습니다. 생존을 위해 존재했던 부정적인 생각은 긍정적인 생각보다 기억에 오래 남아 우리를 괴롭히고 고통을 주기도 하며, 이로 인해 인생이 불행해지기도 합니다.

또한 현대 사회에는 수많은 사람이 존재하고, 그만큼 많은 갈등이 일어납니다. 끊임없이 친구와 다투는 사람이 있는가 하면, '성격 차이'라는 이유로 이혼을 선택하는 부부도 있습니다. 결국 서로를 이해하지 못해 이런 일들이 발생하게 됩니다.

인간 관계에서 사람들에게 완벽하게만 보이려고 한다면, 사람들은 당신에게서 멀어질 것입니다. 사람들이 당신에게 호감을 갖고, 당신에게 자꾸만 다가서고자 하는 건, 당신 또한 자신과 같은 인간이라는 사실을 끊임없이 확인하려는 심리 때문입니다. 세상에 완벽한 인간은 없습니다. 자신의 약점을 감추려고만 하면 오히려 인간적인 신뢰는 멀어지게 됩니다.

조금은 부족하더라도 있는 그대로의 진실한 모습을 보여줄 때 함께 어우러질 수 있습니다. 똑같이 완벽하지 않은 인간이기에 상대방도 나의 모습에서 자신의 모습을 보게 됩니다. 그리고 그것이 같다고 생각하는 순간 마음을 열게 되는 것입니다. 사람들은 자기와 같거나 비슷하다고 생각하는 사람을 좋아하기 때문입니다.

이렇듯, 긍정적이고 행복하고 매력 있는 사람이 되기 위해서는 앞의 두 가지 경우처럼 자기 자신과 타인의 속마음을 꿰뚫어 볼 수 있는 인간심리에 대한 통찰이 절대적으로 필요합니다. 자기 자신과 타인의 마음을 정확히 읽는다는 것은 인생고시라는 시험 전에 미리 답안지를 보는 것과 같습니다.

저자의 30년 1만 권의 독서에서 찾아낸 심리학자들의 인간 탐구 명언들이 자신과 타인의 속마음을 이해하는 데 통찰을 줄 것입니다.

김태현

차 례

PART 2

불쑥 튀어나오는 우리의 본능

인간 행동 심리학에 대한 모든 것

PART 3

그 사람들은 왜 그랬을까?

개인과 집단은 다르다, 사회심리학

PART **4**

무거운 마음에서 벗어나는 법

심리치유와 마음챙김의 비법

PART 5

함께 사는 세상, 나만의 관계망 만들기

관계와 대화법에 대한 심리학 비밀

PART 1

내 속엔
내가 너무 많아

마음속에 숨겨둔 무의식과 잠재력

사람은 누구나 남에게 인정받고 싶은 욕구가 있습니다. 그래서 타인의 판단과 기대에 나를 맞추려고 하는 것입니다. 때로는 지나치게 타인의 생각을 받아들이려고 하지요. 하지만 남에게 나를 완벽하게 맞추는 것은 불가능합니다. 이미 우리 안에는 겉으로 보이는 표정과 행동 외에도 수많은 생각과 감정이 들어 있기 때문입니다.

행복하고 성공한 인생을 사는 사람들은 바로 타인의 의견에 휘둘리지 않고 자신의 내면에 귀를 기울인 사람들입니다. 숨겨져 있던 행복의 열쇠와 잠재력을 깨우세요.

1-1

나는 칭찬중독일까?

― 지그문트 프로이트 ―
Sigmund Freud, 1856~1939

'칭찬중독자'라는 말을 들어보았는가? 어떤 사람들은 자신의 욕망을 제대로 돌아본 경험이 없기 때문에 타인의 인정에 유난히 목말라 한다. 남에게 칭찬받지 못하면 스스로를 좋은 사람이라고 생각하지 못하고 채찍질하게 되는 것이다. 그들은 미움받는 것을 필요 이상으로 두려워하며, 모든 사람들의 기대를 충족시키기 위해 고군분투하다 우울증에 빠지기도 한다.

이는 어렸을 때의 상처가 자신도 모르는 무의식 속에 깊이 뿌리박혀서 생기는 현상이라고 지그문트 프로이트는 설명했다. 정신분석학의 기둥을 세운 그는 인간이 가진 본능과 감정, 그리고 욕망에 대해 말한다. 괴로운 감정의 뿌리를 찾아가는 것. 심리학의 매력은 그런 여정으로부터 시작된다.

001 어떠한 무언가가 불만족스럽다면, 놀라워하지 마라. 그것이 우리가 삶이라고 부르는 것이다.

If something does not satisfy you, do not be surprised. That's what we call life.

002 인간은 공격하려는 성향을 타고났다. 인간에게 있어서 공격성은 독립적이고, 본능적인 기질이다. 그리고 그 성향은 인간의 지적 활동을 강력히 방해한다.

The tendency to aggression is an innate, independent, instinctual disposition in man. It constitutes the powerful obstacle to culture.

003 생각은 근원을 알 수 없는 곳에서 갑자기 떠오른다. 우리는 그 생각을 따를 수조차 없다.

Thoughts suddenly break in and the conscious mind neither knows where they come from nor can it thrust them away again.

004 표현되지 않은 감정은 사그라지지 않는다. 감정이 살아서 묻히면 나중에 생각지 못한 방법으로 다시 나타난다.

Unexpressed emotions will never die. They are buried alive and will come forth later in uglier ways.

005 꿈은 인간이 가장 흥분해 있을 때 대개 심원하며 깊다.

Dreams are often most profound when they seem the most crazy.

006 욕망과 성의 충동이 인간 행동의 두 가지 동기이다.

Everything you and I do springs from two motives, the sex urge and the desire to be great.

007 우리들의 깊은 마음속에는 어떤 강력한 힘이 있다. 그것은 우리의 의식과 별개의 것으로, 끊임없이 활동을 계속하여 사고와 감정과 행동의 근원이 되고 있다.

There is a powerful force within us, an un-illuminated part of the mind—separate from the conscious mind—that is constantly at work molding our thought, feelings, and actions.

008 네 자신의 영혼을 깊이 바라보라. 그리고 먼저 네 자신에 대해서 배워라. 그러면 왜 당신이 이러한 병에 걸릴 수밖에 없었는지 이해할 수 있다. 그리고 그때부터 당신은 이병을 이겨낼 수 있을 것이다.

Look into the depths of your own soul and learn first to know yourself, then you will understand why this illness was bound to come upon you and perhaps you will thenceforth avoid falling ill.

009 인간의 마음은 빙산과 같다. 마음은 물 위에서 그것 자신
의 크기의 7분의 1만 모습을 드러내고 떠 있다.

The mind is like an iceberg, it floats with one-seventh of its bulk
above water.

010 사랑하고 일하라. 일하고 사랑하라. 그것이 삶의 전부다.

Love and work. Work and love. That's all there is.

정신분석의 창시자인 프로이트는 사람들이 자주 언급하는
'무의식(unconsciousness)'이라는 개념을 이론적으로 처음 사용한
사람이다. 그는 인간의 행동이 합리적으로만 이루어지는 것이
아니라고 주장했으며, 우리의 마음 깊숙한 곳에 숨어 있는 무의
식이 행동과 정서를 규정한다고 단언했다.

꿈을 통해 정신분석을 시도하고, 우울증과 히스테리 등
정신병리를 설명한 그는 인간의 원초적 본능과 건강한 정신
에 대해 뜻 깊은 명언을 남겼다. 그의 저서인 〈꿈의 해석(The
Interpretation of Dreams)〉, 〈정신분석 강의(A General, Introduction
to Psychoanalysis)〉 등은 오늘날에도 많은 독자에게 전해지고 있
으며, 문학 작품을 보고 작가의 정신세계를 분석하는 문학 비평
이론에도 큰 영향을 미쳤다.

011　엄밀한 의미에서 행복이란 극한적으로까지 억제되어 있던 욕망이 어느 순간 갑자기 충족되었을 때 생기는 것이다.

What we call happiness in the strictest sense comes from the sudden satisfaction of needs which have been dammed up to a high degree.

012　셀 수 없을 만큼 인생에 대한 질문을 던져보곤 하지만, 아직 아무런 답도 주어지지 않는다. 그처럼 그 답은 절대 허용되지 않는 모양이다.

The question of the purpose of human life has been raised countless times; it has never yet received a satisfactory answer and perhaps does not admit of one.

013　사람들은 힘과 성공과 돈 같은 그릇된 기준으로 삶의 가치를 측정한다. 그리고 그들은 그들의 그릇된 기준에 이른 다른 사람들을 칭찬한다. 그리고 그들이 삶을 살아가는 동안 진실로 귀중한 가치들은 과소평가된다.

The impression forces itself upon one that men measure by false standards, that everyone seeks power, success, riches for himself, and admires others who attain them, while undervaluing the truly precious thing in life.

014 가족에 의해 사랑받는 사람은 일생 동안 성공한 기분으로 살아가고, 이 성공에 대한 자신감은 그가 정말 성공하게 만든다.

If a man has been his family's undisputed darling he retains throughout life the triumphant feeling, the confidence in success, which not seldom brings actual success along with it.

015 그대가 지적 노동과 정신 활동으로부터 충분한 쾌락을 끌어낼 줄 알게 된다면 운명도 그대를 어찌지 못할 것이다.

One gains the most if one can sufficiently heighten the yield of pleasure from the sources of psychical and intellectual work. When that is so, fate can do little against one.

016 인간은 사랑받는다는 사실을 확신할 때 용기를 얻는다.

How bold one gets when one is sure of being loved.

017 우리는 사랑하고 있을 때만큼 고통에 무방비 상태가 될 때도 없고, 사랑하는 대상을 잃거나 그 대상의 사랑을 잃었을 때만큼 무력하게 불행할 때도 없다.

We are never so defenseless against suffering as when we love, never so forlornly unhappy as when we have lost our love object or its love.

018 이기주의자란 자기도 이기주의자일 수 있다는 생각을 전혀 해 보지 않은 사람이다.

An egoist is the person to whom the thought has never occurred that he might be one.

019 사람은 비판에는 저항하지만, 칭찬에는 무력하다.

You can defend yourself against attacks, but against praise you are powerless.

020 누구든지 사랑을 하게 되면 겸손하게 된다. 사랑을 하는 사람들은, 말하자면 자아도취증(narcissism)의 일부분을 저당 잡힌 것이다.

Whoever loves becomes humble. Those who love have, so to speak, pawned a part of their narcissism.

프로이트의 말에 따르면 인간은 생각보다 더 이기적이고, 폭력적인 본성을 지니고 있다. 그리고 그 심리에 대해 제대로 성찰해 본 사람이 진정한 리더로서 관계를 이끌어나갈 수 있다.

인간이 모여 이루어낸 문명, 사회에 만연한 군중심리(herd mentality, mob mentality)를 어떤 시선으로 바라보아야 안정적인 관계를 가질 수 있는지 천천히 생각해 보라. 무의식은 곧 감정과 연결되어 있다. 억압된 감정은 마음을 좀먹고, 관계를 해칠 수 있다. 당신의 무의식은 무엇을 원하고 있는가? 프로이트의 사유와 함께, 스스로의 내면에 귀를 기울이는 시간을 가져보자.

나도 모르는
나의 속마음을 찾아서

― 칼 구스타프 융 ―
Carl Gustav Jung, 1875~1961

우리에게 일어나는 일 중에는 행복한 일이 있는 반면에 불행한 일도 있을 것이다. 대다수의 사람들은 불행한 일이 닥쳤을 때 남을 탓하려고 한다. 하지만 다른 사람, 주변 상황, 자신의 운명을 탓하기만 할수록 우리는 단 하루도 행복하게 살 수 없게 된다. 탓하는 만큼 통제받는 인생을 살게 되기 때문이다.

프로이트의 뒤를 잇는 유명 심리학자인 칼 융의 말에 따르면, 우리의 운명은 결국 스스로의 의식과 무의식이 만들어낸다. 우리에게 일어나는 대부분의 일은 우리 스스로가 원인인 셈이다. 이러한 발상의 전환은 우리의 삶을 좀 더 주체적으로 살 수 있도록 도와준다. 내면에 귀를 기울이다 보면 운명을 바꿀 수 있는 것이다.

021 무의식을 의식화하지 않으면 결국 무의식이 우리의 삶의 방향을 결정하는데, 이런 것을 두고 '운명'이라고 한다.

Until you make the unconscious conscious, it will direct your life and you will call it fate.

022 내 존재의 의미는 나의 삶이 나에게 던지는 질문에 있다. "나는 누구인가?"라는 물음에 스스로 답하지 않으면 세상의 반응에만 의존하게 될 것이다.

The meaning of my existence is that life has addressed a question to me. Or conversely, I myself am a question which is addressed to the world, and I must communicate my answer, for otherwise I am dependent upon the world's answer.

023 스스로에게서 외면당한 것들은 현실에서 의미 있는 사건들로 그 존재가 드러난다.

Whatever is rejected from the self, appears in the world as an event.

024 가장 위험한 심리적 실수는 자기 안의 그림자를 남들에게 덧씌우는 것이다. 이것이 거의 모든 분쟁의 근원이다.

The most dangerous psychological mistake is the projection of the shadow on to others: this is the root of almost all conflicts.

025 자기 자신의 어둠을 아는 것이 다른 사람의 어둠을 다

루는 최선의 방법이다.

Knowing your own darkness is the best method for dealing with the darknesses of other people.

026 사람에게 가장 위험한 것은 바로 그의 안에 있는 자아이다.

The only real danger that exists is man himself.

027 사람은 빛을 추구한다고 밝아지는 것이 아니라 어둠을 의식화해야 밝아진다.

One does not become enlightened by imagining figures of light, but by making the darkness conscious.

028 나 자신은 나에게 일어난 사건들의 총합이 아니다. 나는 내가 되고 싶어 선택해온 존재이다.

I am not what happened to me. I am what I choose to become.

029 그대가 무의식을 의식으로 밝혀주고 표현해 줄 때, 그대의 무의식은 그대를 보다 좋은 삶의 방향으로 이끌어줄 것이다.

When you light and express unconsciousness into consciousness, it will lead you to better life.

030 사람들은 자신의 영혼을 마주하는 일을 피하기 위해 무슨 짓이라도 한다.

People will do anything, no matter how absurd, to avoid facing their own souls.

'콤플렉스 심리학' 혹은 '분석심리학'으로 알려진 칼 융은 프로이트와 함께 심리학, 정신분석학의 큰 줄기를 만든 학자이다. 그는 프로이트의 수제자라 불릴 정도로 많은 영향을 받았지만, 추후 아들러의 사상을 받아들여 자신만의 독자적인 이론을 창시해냈다.

우리가 어떤 사람을 싫어할 때, 사실은 그 사람에게서 자기 자신의 단점을 보는 경우가 많다는 점도 주목할 만한 이론이다. 그는 사람들이 외면하려고 하는 내면의 문제에 주목했으며, 나중에는 연습술과 동양철학 등에도 관심을 보였다. 콤플렉스(complex), 페르소나(persona)와 같은 중요한 심리학 용어를 처음 쓴 사람으로서 저서로는 〈무의식의 심리학(Psychology of the Unconscious)〉, 〈분석심리학에 대한 두 편의 에세이(Two Essays on Analytical Psychology)〉 등이 있다.

031 다른 사람이 주는 불편함과 짜증은 우리가 스스로를 이해하게끔 인도해 줄 수 있는 요소이다.

Everything that irritates us about others can lead us to an understanding of ourselves.

032 우울증은 어둡고 검은 옷을 입은 여인과 같다. 그녀가 나타나면 그녀를 멀리하지 마라. 차라리 그녀를 받아들여, 손님으로 대하고, 그녀가 하고자 하는 말을 듣도록 하자.

Depression is like a woman in black. It she turns up, don't shoo her away. Invite her in, offer her a seat, treat her like a guest and listen to what she wants to say.

033 외부를 바라보는 사람은 꿈을 꾸지만 자신의 내면을 바라보는 사람은 깨어난다.

Who looks outside, dreams; who looks inside, awakes.

034 사는 것이 버거운 것은 자기 자신이 되지 못했기 때문이다.

Life is overwhelming to one who failed to become oneself.

035 창의적인 사람은 자신이 사랑하는 것을 가지고 노는 것을 좋아한다. 새로운 것의 창조는 지능이 아니라 내적 필요에 의한 놀이 본능을 통해 달성된다.

The creative mind plays with objects it loves. The creation of something new is not accomplished by intellect but by the play instinct acting from inner necessity.

036 누군가에게 딱 맞는 신발이라도 다른 사람의 발은 아프게 할 수 있다. 모든 경우에 다 적용될 수 있는 삶의 비결이란 존재하지 않는 법이다.

The shoes that fits one person pinches another; there is no recipe for living that suits all cases.

037 올바른 질문을 한다는 것은 이미 문제의 절반을 푼 것이다.

To ask the right question is already half the solution of a problem.

038 당신이 가장 두려워하는 것을 찾아라. 진정한 성장은 그 순간부터 시작된다.

Find out what a person fears most and that is where he will develop next.

039 고독은 내 곁에 아무도 없을 때가 아니라 자신에게 중요하게 여겨지는 것에 대해 소통할 수 없을 때 온다.

Loneliness does not come from having no people about one, but from being unable to communicate the things that seem important to oneself.

040 미래는 이미 시작되었다.

Future has already begun.

우리는 모두 인생이라는 자동차를 운전하고 있다. 이리저리 방향도 바꾸고, 때론 멈추기도 하는 인생의 여정에서 가장 중요한 것은 목적지이다. 인생을 제대로 운전하려면 목적지가 정확해야 한다. 목적지를 정하기 위해서는 내면의 목소리를 들어야 한다.

칼 융의 이론에 따르면, 의식과 무의식이 조화롭게 어우러져야 삶의 질을 높일 수 있다. 거기에 다른 사람이 끼어들 자리는 없다. 행복한 사람을 무조건 따라 한다고 행복해지는 것이 아닌 것처럼 인생에 정답은 없고 사람마다 필요한 것이 다르다. 바로 그러한 이유로 우리는 스스로의 속마음을 알아야 한다.

성공한 사람의
잠재력에 대해

— 말콤 글래드웰 —
Malcolm Gladwell, 1963~

모든 동물 중에서 오직 인간만이 미래를 예측하는 능력을 가졌다. 이 능력으로 우리는 한 치 앞을 볼 수도 있고, 10년 앞을 볼 수도 있다. 이 능력이 인생에서 모두 중요하게 기능하는데, 사람에겐 잠시 후를 위해 지금 해야 할 일이 있고, 먼 훗날을 위해 지금부터 해야 할 일이 있기 때문이다. 그런데 이 잠재력은 누구에게나 있는데, 왜 성공하는 사람은 소수인 걸까?

어느 심리학 연구 결과에 따르면, 사람에겐 미래를 예측하는 능력이 있지만 각자 다른 길이의 시간전망에 따라 사회적 성공 여부가 달라진다고 한다. 길게, 큰 그림을 보는 능력은 우리의 무의식 속에 숨겨져 있다. 그런 무의식과 잠재력, 그리고 '1만 시간의 법칙'을 이야기한 심리학자가 있다.

041 성공은 무서운 집중력과 반복적 학습의 산물이다.

Success is a product of deep concentration and repetitive

learning.

042 분석하지 말고 통찰하라. 첫 2초가 모든 것을 가른다.

Don't make analysis but have an insight. The first 2 seconds determine everything.

043 우리는 실례와 경험을 통해 배운다. 말로만 가르치는 데에는 한계가 있기 때문이다.

We learn by example and by direct experience because there are real limits to the adequacy of verbal instruction.

044 세상은 거대한 골리앗이 아니라 상처받은 다윗에 의해 발전한다.

The world improves by wounded David not by mighty Goliath.

045 연습은 당신이 완벽할 때 하는 것이 아니라 당신을 완벽하게 만들기 위해서 하는 것이다.

Practice isn't the thing you do once you're good. It's the thing you do that makes you good.

046 사람의 감정은 안에서 바깥으로 나온다. 하지만 정서적

인 감염은 반대로도 가능하다. 만약 내가 당신을 미소 짓게 할 수 있다면, 나는 당신을 행복하게 만들 수 있다.

Emotion goes inside-out. Emotional contagion, though, suggests that the opposite is also true. If I can make you smile, I can make you happy.

047 천재는 재능이 있어도 1만 시간을 쏟아 부어야 비로소 관철할 수 있다.

A genius needs 10,000 hours of effort to success even with one's talent.

048 순간적인 판단이 한참을 심사숙고한 끝에 얻어진 결론만큼이나 훌륭할 때가 많다.

There can be as much value in the blink of an eye as in months of rational analysis.

049 그 어떤 재능이든 완전하게 발달하고 표현되기 위해서는 엄청난 양의 연습이 필요하다는 것이다. 완벽한 재능을 타고난 사람은 없다.

Every talent requires a great amount of practice to be expressed and be developed completely. No one is born with a perfect talent.

050 우리는 성공한 사람은 모두 단단한 도토리에서 나왔다고 생각한다. 하지만 그들에게 빛을 준 태양, 뿌리를 내리게 해 준 토양, 그리고 운 좋게 피할 수 있었던 토끼와 벌목꾼에 대해서도 충분히 알고 있는가?

We all know that successful people come from hardy seeds. But do we know enough about the sunlight that warmed them, the soil in which they put down the roots, and the rabbits and lumberjacks they were lucky enough to avoid?

말콤 글래드웰은 미국 출판계의 유명인사이다. 그는 미세한 사고나 경향이 대중에게 침투하여 주류에 편입되는 과정을 설명한 〈아웃라이어(Outliers: The Story of Success)〉로 많은 독자의 관심을 끌었다. 이 책에서 유명한 '1만 시간의 법칙'을 언급함으로써 많은 주목을 얻게 되었다. 한 마디로, '인기 있는 사람이 되어 성공하는 법'을 출판하여 성공을 거두었다.

그의 두 번째 베스트셀러인 〈블링크(Blink: The Power of Thinking Without Thinking)〉는 심리학서로, 사람이 눈 깜빡할 사이에 어떤 무의식적 기능이 작동하는지 설명한 책이다. 글래드웰은 사회학, 심리학, 범죄학, 마케팅 등 다양한 분야에서 일군 과학적 연구 결과를 일화로 엮어 대중 독자들에게 새로운 시각을 선사하는 탁월한 능력의 소유자이다.

051 우리가 거지에서 부자로 거듭나는 성공담을 입에 올리는 이유는 외로운 영웅이 덮쳐오는 고난과 맞서 싸운다는 이야기가 우리를 매료시키기 때문이다.

We tell rags-to-riches stories because we find something captivating in the idea of a lone hero battling overwhelming odds.

052 가치 있는 일은 아이들에게 열심히 일하고 스스로를 책임지며 사고력과 상상력을 발휘하면 자신이 원하는 대로 세상을 바꿀 수 있다는 교훈을 준다.

Meaningful work gives lessons to children that they can change the world as they wish if they work hard, be responsible and show thinking skills and imagination.

053 문화적 배경은 우리가 세계를 이해하는 방식을 결정함으로써 우리의 태도와 행동을 결정한다.

Cultural legacies determine our attitude and behaviors by determining our ways of understanding the world.

054 어느 분야에서든 세계 수준의 전문가, 마스터가 되려면 1만 시간의 연습이 필요하다. 1만 시간은 대략 하루 3시간, 일주일에 20시간씩 10년간 연습한 것과 같다.

To achieve expertise in any field you need at least ten thousand hours of practice. Ten thousand hours is equivalent to roughly 3 hours a day, or 20 hours a week, of practice over 10 years.

055 천재는 있다, 단지 꿈속에만.

Genius is real, only in dreams.

056 혼자서 성공하는 사람은 없다. 그들의 성공은 특정한 장소와 환경의 산물이다.

Successful people don't do it alone. They're products of particular places and environments.

057 성공에 반드시 필요한 기회는 때로 우리가 살고 있는 시대로부터 온다. 역사가 우리에게 보여주는 특정한 시간과 공간 속의 특별한 기회에서 오는 것이다.

The sense of possibility so necessary for success sometimes comes from our time. It comes from the particular opportunities that our particular place in history presents us with.

058 일에 의미가 없고 가치가 없을 때, 힘든 일은 감옥 같은 일이 되어 버린다. 그러나 가치가 있으면 그 일을 찾아낸 사람은 오히려 아내의 허리를 붙잡고 춤을 추게 된다.

Hard work is a prison sentence only if it does not have

meaning. Once it does, it becomes the kind of thing that makes you grab your wife around the waist and dance a jig.

059 재능보다 태도가 중요하다.

Attitude matters than talent.

060 스스로에게서 예상치 못한 것을 예상해 보자. 미래는 아직 비어 있으니까.

Let's expect unexpected things from ourselves. Future is still unpredictable.

글래드웰은 저서 〈블링크〉에서 첫인상의 중요성을 말한다. 우리의 뇌가 사람을 보고 순간적으로 내린 판단은 틀릴 가능성이 생각보다 적다는 말이다. 우리의 뇌는 의식과 무의식을 오가며 생각한다. 성공을 하기 위해서는 이성적이고 논리적인 생각으로 심사숙고할 필요도 있지만, 한편으로는 동물적 감각에 판단을 맡길 필요도 있다는 주장이다.

우리는 모두 이러한 잠재력을 각자의 무의식 속에 갖고 있다. 번개처럼 번쩍거리는 순간의 판단을 믿어보자. 그것은 일종의 도박이면서도, 성공을 향한 순간이동 마법이 될 수도 있을 것이다.

가까이 있는
범죄자를 알아보는 방법

― 개빈 드 베커 ―
Gavin De Becker, 1954~

우리는 살아 있는 생명체이다. 살아가기 위해서는 끊임없이 스스로를 방어해 나가야 한다. 그 과정에서 불안과 분노는 필연적으로 발생한다. 그런데 어느 순간부터 우리는 감정을 억누르기 시작해왔다. 아무리 위험해 보이거나 꺼림칙한 사람이 접근해 와도 '그런 사람은 아니겠지.'하고 스스로의 판단은 믿지 않게 되었다.

그런데 과연 이런 본능이 현대인에게 필요 없는 기능이 된 걸까? 인생을 살면서 피해야 할 사람, 피해야 할 상황은 분명 있다. 그중 가장 강렬한 키워드는 바로 '범죄'이다. 우리는 어떻게 해야 범죄자로부터 우리의 평온한 인생을 지켜낼 수 있을까? 그 물음을 꾸준히 연구한 심리학자로는 개빈 드 베커가 있다. 그는 미국의 안전 문제 전문가로, 여러 폭력 상황과 범죄의 신호를 미리 알 수 있는 방법을 제시하였다.

061 폭력은 인간의 일부이며, 따라서 모든 문화의 일부이다.

Violence is a part of human, therefore a part of every culture.

062 바다에서 파도치는 것은 바닷물이 아니라 그 안의 에너지다. 폭력의 에너지 또한 우리 문화 안에서 돌아다닌다.

Surging water in an ocean does not move; rather, energy moves through it. In this same sense, the energy of violence moves through our culture.

063 현 인류는 먹이사슬의 정점에 있다. 위험을 초래할 그 어떤 적이나 약탈자가 없는 인류에게는 오로지 먹이만 남아 있다. 우리 자신이라는.

Facing not one single enemy or predator who poses to us any danger of consequence, we've found the only prey left: ourselves.

064 그 어떤 야생동물도 급작스럽게 두려움을 극복하고 '아무 일도 아닐 수 있어.'라고 생각하는 데 자신의 에너지를 조금도 허비하지 않는다.

No animal in the wild would suddenly be overcome with fear and spend their mental energy thinking that 'it's probably nothing'.

065 자신의 어린 시절을 성찰하는 것은 다른 사람들의 행동을 예측하는 능력을 날카롭게 다듬는 가장 좋은 방법이다.

Thinking about one's childhood is the best way to sharpen one's ability to predict what others will do.

066 인간 행태를 예측하는 것은 단지 몇 마디 대화로 연극 전체를 알아보는 것과 같다.

Predicting human behavior is like guessing the whole play with few lines of conversation.

067 다른 사람들도 우리처럼 사물을 인식하리란 믿음 때문에 행태를 예측할 때 많은 실수를 저지른다.

Believing that others will react as we would is the single most dangerous myth of intervention.

068 우리는 왜 예측하는가? 어떤 결과를 피하거나 이용하기 위해서다.

Why do we make prediction? It is to avoid or to make use of certain consequences.

069 우리는 과거 어느 때보다 더 많은 두려움을 느낀다. 그리고 그 두려움은 서로에 관한 두려움이다.

We feel the most fear than ever before. And that fear is about one another.

070 판단은 인식하고 정확하게 예측하는 데 있어 가장 큰 적이다.

The great enemy of perception, and thus of accurate predictions, is judgment.

드 베커는 폭력 예측 및 관리에 관한 미국 최고의 전문가로 널리 인정받고 있다. 1980년, 레이건 대통령이 그를 대통령이 초청한 유명 인사들의 안전을 책임지는 '특별서비스 조직'의 책임자로 임명한 이후 미 국무성에서 일하며 한국 대통령, 영국 총리, 스페인 왕 등의 공식적인 방문 경호를 담당했다. 드 베커는 그 전문성을 인정받아 미 법무부의 대통령자문위원, 유명 인사들의 스토커를 연구하는 프로젝트의 수석자문관 등으로 대통령이 임명하는 직무를 세 번이나 수행했다.

드 베커의 첫 번째 저서인 〈서늘한 신호(The Gift of Fear: Survival Signals that Protect Us from Violence)〉는 〈뉴욕타임스〉 베스트셀러 목록에 17주 동안이나 이름을 올린 최고의 베스트셀러로, 19개 언어로 출간되었다.

071 우리는 아이들에게 끈기가 있으면 후일에 결과가 좋을 것이라고 약속한다. 하지만 끈기가 바람직하지 않게 작용할 경우에는 집착이 된다.

We promise our children that persistence will pay off. But if persistence works out badly, it becomes obsession.

072 여자가 자기에게 푹 빠진 어떤 남자를 거부할 때 "지금 당장은 어떤 관계도 맺고 싶지 않을 뿐이야."라고 말하면, 그 남자는 "지금 당장은"이라는 말만 듣는다.

When a girl rejects someone who has a crush on her, and she says, "It's just that I don't want to be in a relationship right now". he hears only the words "right now".

073 아이를 최초로 돌본 사람이 칭찬과 잔인함 둘 다를 줬다면, 그 아이의 정체성이 어느 것이 들러붙을지는 실질적으로 동전 던지기를 하는 것과 같다.

If the person who first took care of a child has given both praise and cruelty to the child, what will stick to the child's identity is practically like tossing a coin.

074 지금은 수년 전에 비해 두려워할 것들이 더 많아졌다. 위성 시대에 사는 오늘날의 우리는 자신의 재난만을 겪지

않고 모든 이들의 재난을 겪고 있다. 그러니 그렇게 많은 사람들이 수많은 두려움에 떨고 있는 것도 당연하다.

Now, we have much to fear than few years ago. In the satellite age, we experience calamities not only in our own lives, but also the calamities in everyone's life. So it is natural to see so much people in fear.

075 다른 모든 생명체와 마찬가지로 당신도 위험에 처한 순간을 알아차릴 수 있다. 당신에게는 위험을 경고하고 위태로운 상황에서 구해 줄 훌륭한 내적 보호자가 있기 때문이다.

Like every creature, you can know when you are in the presence of danger. You have the gift of a brilliant internal guardian that stands ready to warn you of hazards and guide you through risky situations.

076 모든 사람에게는 폭력의 원천이 존재한다. 다만 폭력의 정당성에 대한 견해가 각자 다를 뿐이다.

The resource of violence is in everyone; all that changes is our view of the justification.

077 진정한 공포는 사람을 마비시키지 않는다.

Real fear is not paralyzing.

078 남자는 유혹할 때 친절하고, 여자는 거절할 때 친절하다.

Men are nice when they pursue, women are nice when they reject.

079 우리는 친절함과 선의가 늘 똑같지 않다는 점을 배우고 또 그것을 아이들에게 가르쳐야 한다.

We must learn and then teach our children that niceness does not equal goodness.

080 폭력으로부터 스스로를 보호하기 위해서는 갖가지 첨단 기술보다 당신의 직관을 믿어라.

Trust your intuition, rather than various technologies, to protect yourself from violence.

어떤 사건이 일어나기 전에 반드시 징후가 있듯이 범죄가 일어나기 전에도 반드시 그 신호가 있다. 누구나 이를 알아차 릴 능력(직관)이 있으며 범죄를 예측하고 피할 수 있다. 직관이 당신에게 이야기하는 모든 것에는 의미가 있다. 직관은 주의를 끌기 위해 여러 가지 신호 중 하나를 보내기도 하는데, 위급한 정도에 따라 달라진다. 가장 절박한 순간에 보내는 최상위 직관 신호는 두려움이다.

따라서 두려움에는 항상 귀를 기울여야 한다. 세계 어디서나 똑같은 폭력의 암호가 있고, 드 베커의 말을 살펴보면 그런 암호를 푸는 데 필요한 방법들을 발견하게 될 것이다. 더불어 이미 예리하게 위험을 예측하는 각자의 능력을 신뢰할 이유 역시 발견할 수 있을 것이다.

성격에도
건강이 있다?

– 고든 올포트 –
Gordon Willard Allport, 1897~1967

학교에서, 회사에서 단체 생활을 하며 끊임없이 뒷담화를 하는 사람이 있다. 다른 사람들을 헐뜯고 욕해서 깎아내리며 자신이 일시적으로 나아보이도록 만드는 것이다. 하지만 그런 행동의 결과는 좋지 않다. 실질적으로 그 사람의 성적이나 근무 평가가 개선되는 것이 아니기 때문이다. 구성원들이 서로 뒷담화를 일삼는 조직은 제대로 된 성과를 낼 수 없다.

발전은 서로를 격려하고 서로에 대해 감사할 때 이루어진다. 건강하고 성숙한 성격을 지닌 사람은 남에게 너그럽고 항상 감사하는 마음을 가진다. 미국의 한 심리학자인 고든 올포트는 그런 성격의 성숙함을 연구한 '인격심리학'의 권위자이다. 성격은 천성이 아니라 얼마든지 바뀌고, 발전할 수 있다는 것이 그의 의견이다.

081 삶에 목적이 있다면, 고통과 죽지 못해 사는 것에도 목적

이 있어야 한다. 하지만 아무도 이 목적이 무엇인지 말하지 못한다. 만일 말할 수 있는 사람이 있다면, 그는 온갖 모욕 속에서도 계속 성장할 것이다.

If there is a purpose in life at all, there must be a purpose in suffering and in dying. But no man can tell another what this purpose is. If he succeeds he will continue to grow in spite of all indignities.

082 건강한 사람들은 긴장의 감소보다 더 많은 긴장을 원한다. 판에 박힌 것들을 버리고 새로운 경험을 찾는다.

Healthy people are directed at establishing tension rather than reducing it. They dispel stereotype and seek for new experiences.

083 인생은 모험을 통해서만 성장할 수 있다.

Life can improve only through adventure.

084 성격이 건강한 사람들은 쉽게 좌절하거나 포기하지 않는다. 실패해도 다시 일어서거나 또 다른 목표를 만든다.

People with healthy personalities don't get frustrated or give up easily. Even if they fail, they just make a second attempt or set another goal.

085 어린 시절의 자아는 오직 자신만 안다. 사람은 여러 경험을 통해 타인의 존재, 나아가 서서히 다른 추상적 가치와 개념까지 인식하게 된다. 이 같은 성숙은 여러 활동이나 어떤 이념에 진정으로 참여할 때 진행되며, 그 과정을 성실히 수행할수록 심리적으로 더 건강해진다.

Only oneself knows about ego of one's childhood. Individual gradually becomes conscious about existence of other people, and further other abstract values and concepts through various experiences. This kind of maturity proceeds when one truly participates in different activities or some sort of ideology, and the more deliberately one performs this process the more healthier one's mental gets.

086 잘 발달된 자아를 가진 사람은 부모, 자식, 배우자 혹은 친구에게 친밀감 또는 사랑을 잘 표현한다. 이들은 사랑하는 사람과 그 외의 사람에게까지 자신의 삶만큼 중요시 여긴다.

One with well-developed ego shows one's intimacy and love well to one's parents, children, spouse or friends. They think of people they love and others as important as their own lives.

087 건강한 사람은 누구에게나 약점이 있다는 것을 인정하

고 자신의 약점과 나약함도 자연스럽게 받아들인다. 그러나 신경증적 환자는 자신의 약점을 바라보려 하지 않을뿐더러 다른 사람의 사소한 잘못을 받아들이지 못해 관계 맺기에 끊임없이 어려움을 겪는다.

Healthy people admit that everyone has weaknesses and take their weaknesses and vulnerabilities as natural things. But Neurotic patients try not to face their weaknesses and don't accept other people's small mistakes, and this makes them hard to have relationships with other people.

088 현재의 성공에 만족한다면, 그 만족감이 언젠가는 실망감과 불만으로 다가올 것이다.

If you are satisfied with your current success now, one day that satisfaction will turn into disappointment and dissatisfaction.

089 미성숙한 사람은 "나는 어쩔 수 없이 이렇게 행동하지 않으면 안 된다."고 말한다. 하지만 성숙한 사람은 "나는 이렇게 행동해야 한다."고 단호히 말한다.

Immature people say "I have no choice but to act this way". But mature people decidedly say "I have to act this way".

090 나는 내가 되고자 추구하는 바로 그것이다.

I am exactly what I pursuit to be.

올포트의 '특성 이론(trait theory)'과 충동에 관한 연구는 학계에 큰 영향을 미쳤다. 그는 건강한 성격을 성숙된 성격이라 여겼으며, 성숙된 성격의 특성에 대해 연구했다. 20세기 초에 성립된 이론임에도 불구하고, 그가 말한 미성숙한 성격과 성숙한 성격의 차이는 현대인의 특성에서도 찾아볼 수 있다. 예컨대 뒷담화를 일삼고 속이 좁으며 관계를 제대로 형성하지 못하는 사람은 성숙해질만한 경험을 제때 많이 하지 못한 사람인 것이다.

또한 올포트는 모든 개인의 행동과 생각이 인생 전체의 산물이라고 강조했다. 즉, 개인의 사상은 과거와 현재의 결실인 것이다. 그것은 인간이 자유 의지를 가졌다고 하는 것과 같다.

091 인간의 행동은 효과의 법칙으로는 설명할 수 없으며, 의도에 대해서 고찰하는 것만이 인간행동에 관한 이해를 깊게 한다.

Human behaviors cannot be explained by law of effect, and the only way to deepen the understanding about them is to consider about their intentions.

092 사람의 동기는 현재에 뿌리를 두며, 의식적이고 미래지향

적이며, 과거에 묶여 있지 않다.

Human motivation roots in the present and it is conscious,
future-oriented, and not tied to the past.

093 나무의 생명은 그 씨와 더불어 계속된다. 그러나 그 씨는
더 이상 다 자란 나무를 계속 양육하거나 자양분을 주
지는 않는다.

The life of a tree is continuous with that of its seed, but the
seed no longer sustains and nourishes the full grown tree.

094 유머감각을 가지고 있다는 것은 안정되고 적응적이며,
스트레스에 대처할 능력이 있고, 자제심이 있고, 우호적
이며, 화를 잘 내지 않으며, 대범하다는 것과 동의어가 되
었다.

Having sense of humor has become a synonym for being
stable, adaptive, capable of dealing stress, self-controlled,
friendly, easygoing, and generous.

095 폭탄은 제거할 수 있지만, 마음속의 편견은 쉽게 제거할
수 없다.

Bombs can be removed, but prejudices in the mind cannot be
removed easily.

096 원자의 비밀을 밝혀내는 데도 오랜 시간에 걸친 노력과 수십억 달러에 이르는 돈이 필요했다. 누군가 언급했듯이, 편견을 깨부수는 것보다 원자를 쪼개는 게 더 쉽다.

It took long times of effort and billions of dollars to uncover the secrets of the atom. But it is easier, someone has said, to smash an atom than a prejudice.

097 말은 폭력으로, 루머는 폭동으로, 가십은 학살로 발전하는 경향이 있다.

There is a tendency that turns word into violence, rumor into riot, and gossip into massacre.

098 아주 작은 부분이라도 겉모습에 차이가 있으면 사람들은 그 작은 부분이 모든 문제와 관련되어 있을지도 모른다는 가능성에 사로잡힌다.

If there is any difference in appearance, even in very small part, people gets obsessed with the idea that this small part might be related to the all problems.

099 인간은 흑백 논리로 판단하고, 모든 관계를 친구가 아니면 적으로 여긴다. 예의범절과 형식적 도덕에 집착하고 모호한 상황을 참지 못하며, 해결책이 필요할 때면 검증

된 습관에 매달린다.

Humans judge in black-and-white, and regard all relationships as friends or enemies. They are obsessive to courtesy and formal ethics, unable to tolerate ambiguous situations, and cling to proven habits when they need solutions.

100 삶을 지속하는 유일한 방법은 완수할 과업을 가지는 일이다.

The only way to endure life is to have a task to complete.

올포트는 성격심리학(personality psychology)의 기초를 닦은 심리학자였다. 그의 이론은 인간을 자유 의지로 행동하는 자율적인 존재로 전제하기 때문에 최초의 휴머니스트 이론 중 하나로 간주된다. 그는 프로이트의 정신분석과 스키너의 행동주의를 비판하며 자신만의 이론을 성립했으며, 인종차별에 반대하며 편견과 종교에 대한 연구도 진행했다.

그의 저서 〈편견의 본질(The Nature of Prejudice)〉에 실린 유대인과 아프리카계 미국인에 대한 차별 분석은 오늘날 소수자 인권 담론에도 유의미한 영향을 끼쳤다. 성숙한 성격을 가진 사람이 많은 사회일수록 서로에게 너그럽고 관대해지고, 결과적으로는 차별이나 편견도 완화된다는 그의 넓은 시야는 현대인에게도 인생의 모티브를 제공해 준다.

섣부른 판단 내리기는
이제 그만!

- 대니얼 카너먼 -
Daniel Kahneman, 1934~

사람의 직관은 위험한 순간에 스스로를 지켜낼 수 있도록 빠르게 작동하게끔 되어 있다. 하지만 우리는 복잡한 도시 속에서 살고 있는데, 이는 수많은 선택의 기로에 서게 된다는 말과 같다. 어떤 운명은 우리에게 일방적으로 주어진다. 국적, 출신 지역, 부모 등은 숙명처럼 느껴진다.

하지만 개인의 자유가 보장되면서, 대부분의 운명은 스스로의 선택에 의해 만들어지게 되었다. 통제할 수 없는 자연재해 같은 상황 속에서도 각자의 길은 다르게 펼쳐진다. 그 이유는 사람마다 선택이 다르기 때문이다. 좌절하느냐 재기하느냐 그것은 운명이 아니라 우리의 선택에 달려 있다. 그런데 그 선택이 순간적인 판단에 의해서만 이루어진다면, 과연 후회하지 않을 수 있을까? 심리학자 대니얼 카너먼은 인간이 선택을 할 때 어떤 사고방식을 거치는지 연구하여 노벨 경제학상을 수상했다.

101 인간은 주관에 휘둘려 충동적이다. 집단적으로 똑같이 행동해 자기 과신(過信)과 편향에 빠진다. 때로는 자신이 보는대로, 때로 남들이 하는대로 따라 결정하는 존재이다.

Humans have an impulsive nature under the influence of their own subjectivity. They are likely to follow opinions of their group to be overconfident and biased. They are born to make decisions sometimes based on their own perspectives, and sometimes based on what others do.

102 낙관주의자는 현재에 만족할 줄 알고 유쾌하기 때문에 늘 사랑받는다. 그들은 실패나 궁지에 몰렸을 때도 상황을 잘 극복하고 우울증에 걸릴 확률도 낮다.

Optimists are normally cheerful and happy, and therefore popular. They are resilient in adapting to failures and hardships, their chances of clinical depression are reduced.

103 손해를 입을 사람들은 이득을 볼 사람들보다 훨씬 더 열심히 싸울 것이다.

Potential losers will be more active and determined than potential winners.

104 인간의 사고방식에서 흔하게 발생하는 오류와 편향을 의

식한다면 더 나은 결정과 더 정확한 판단을 내릴 수 있다.

You will make better decisions and more precise judgments if you become more aware of errors and biases that commonly occur in thinking process of humans.

105 세계의 많은 사건은 우연에 의해 발생한다. 우연한 사건을 인과적인 방식으로 설명하려고 하면 틀릴 수밖에 없다.

Many facts of the world are due to chance, including accidents of sampling. Causal explanations of chance events are inevitably wrong.

106 조심하라. 당신의 직관은 극단적인 예측을 내놓을 수 있으며 당신은 그러한 예측을 지나치게 확신하는 경향이 있다.

Be careful. Intuitive predictions tend to be overconfident and overly extreme.

107 뒤늦게 후회하지 않기 위해 내가 정해놓은 방침은 장기적인 문제를 두고 결정을 내릴 때 매우 철저히 살펴보거나 아니면 아예 대충 살펴보는 것이다.

My personal strategy to avoid regret coming together with

hindsight is to either be thorough or completely casual when making a decision with consequences.

108 우리 직관은 옳을 때가 많다. 하지만 틀릴 때도 정말 많다.

Our intuition is usually right. But it can often be wrong.

109 우리는 명백한 사실을 못 보고 지나칠 뿐만 아니라, 못 보고 지나친다는 사실마저 못 보고 지나친다.

We can be blind to the obvious, and we are also blind to our blindness.

110 우리는 자신의 생각을 통제하지 못한다는 점에서 스스로에게 생판 남과도 같다.

You have now been introduced to that stranger in you, which may be in control of much of what you do, although you rarely have a glimpse of it.

그는 "애덤 스미스가 고전경제학의 아버지라면, 카너먼은 현대경제학의 대부이다!"라는 언론의 극찬을 받은 독보적 지성인으로, 미국과 유럽의 경제 위기를 거치면서 점차 영향력 높은 심리학자이자 경제학자로 자리매김했다.

그의 학문적인 업적은 판단과 의사결정 분야의 심리학, 행동경제학과 행복심리학이다. 그는 경제학을 전공하지 않았음에도 노벨 경제학상을 받게 되는데, 이는 그가 기존의 고전경제학의 프레임을 완전히 뒤엎은 '행동경제학(behavioral economics)'의 창시자이기 때문이다. 심리학과 경제학의 경계를 허물고 인간의 비합리성과 그에 따른 의사결정에 관한 연구를 통해 경제 주체의 이면을 발견한 카너먼은 우리에게 다음과 같이 말한다. "즉각적인 직관과 심사숙고의 과정의 균형이 맞아야 좋은 선택을 할 수 있다."

111 　상황은 끊임없이 좋은 상황 아니면 나쁜 상황으로, 즉 접근 가능한 상황인지 아니면 도망쳐야 할 상황인지로 평가된다.

　　　Situations are constantly evaluated as good or bad, requiring escape or permitting approach.

112 　사람의 뇌는 기회보다 위협을 훨씬 더 크고 중요하게 느끼도록 설계되어 있다.

　　　The brains of humans contain a mechanism that is designed to give priority to bad news.

113 　더 성공한 기업과 덜 성공한 기업을 비교하는 것은 사실

상 운이 좋은 기업과 운이 나쁜 기업을 비교하는 것에 가깝다.

Comparing more successful and less successful enterprise is actually similar with comparing enterprise with good luck and bad luck.

114 어떤 개인이 강한 확신을 선언하는 것은 머릿속에 정합성이 있는 이야기를 구축했다는 사실을 뜻할 뿐, 그 이야기가 진실이라는 사실을 뜻하지는 않는다.

Declarations of high confidence mainly tell you that an individual has constructed a coherent story in his mind, not necessarily that the story is true.

115 많은 사람이 대부분의 시간 동안 건강하듯, 우리의 수많은 판단과 행동도 대부분의 경우에 적절하다.

Most of us are healthy most of the time, and most of our judgments and actions are appropriate most of the time.

116 우리는 생각보다 과거를 잘 이해하지 못한다.

We understand the past less than we believe we do.

117 예측 불가능한 세계에서 예측이 부정확하다고 누군가를

비난하는 것은 옳지 않다. 타당한 신호가 없는데 직감이 '명중'했다면 운이 좋았거나 거짓말을 하고 있는 것이다.

It is wrong to blame anyone for failing to forecast accurately in an unpredictable world. In the absence of valid cues, intuitive "hits" are due either to luck or to lies.

118 우리는 실수가 일어날법한 상황을 인지하는 법을 배우고, 심각한 실수가 일어날 확률이 높을 때 그것을 피하려고 더 노력해야 한다.

We have to learn to recognize situations in which mistakes are likely and try harder to avoid significant mistakes when the stakes are high.

119 무언가를 억지로 해야 했다면 다음 작업에서는 자기 통제력을 발휘할 의지나 능력이 줄어든다. 이런 현상을 '자아 고갈'이라 부른다.

If you have had to force yourself to do something, you are less willing or less able to exert self-control when the next challenge comes around. The phenomenon has been named 'ego depletion'.

120 사람들은 대개 어떤 결정이 옳다고 믿으면 그것이 근거

없는 주장이더라도 옳다고 믿을 확률이 높다.

When people believe a conclusion is true, they are also very likely to believe arguments that appear to support it, even when these arguments are unsound.

카너먼의 업적을 집대성한 책으로는 그의 저서인 〈생각에 관한 생각〉이 있다. 카너먼과 그의 동료 아모스 트버스키가 판단 및 의사결정 과정에서 인간이 저지르는 오류와 편향, 특히 특정한 환경 내에서 예측 가능한 체계적인 오류와 편향을 연구하기 위해 수행한 유명한 실험들을 담고 있다.

우리는 한 가지 의식적인 생각이 다른 생각으로 이어지는 방식으로 사고가 진행된다고 믿는데, 카너먼은 다음과 같이 말했다. "당신은 어떤 과정을 거쳐 앞에 있는 책상에 스탠드 조명이 존재한다는 사실을 믿게 되었는지, 어떤 과정을 거쳐 전화를 받은 배우자의 목소리에서 그가 짜증이 났다는 힌트를 얻을 수 있었는지 추적해내지 못한다." 이는 우리의 직관에 대한 말이다. 그의 말에 따르면 직관도 중요하고 직관이 저지르는 실수를 피하는 것도 중요하다. 주식 투자 같은 것은 결국 주사위 굴리기와 같다는 것도 그의 지론 중 하나이다.

유연한 뇌를
만드는 무의식

– 레오나르드 믈로디노프 –
Leonard Mlodinow, 1954~

우리는 종종 새로운 아이디어, 즉 창의력을 요구받는다. 신제품을 위한 아이디어 회의를 하거나 문제해결을 위한 방안을 모색할 때, 크고 작은 프로젝트를 기획할 때 창의성을 발휘해야 좋은 결과를 얻을 수 있다. 크게 성공한 사람들은 다른 사람이 미처 생각하지 못한 발명과 발견으로 세상을 뒤집어놓은 경우가 많다. 그 사람들은 어떻게 획기적인 아이디어를 낼 수 있었던 걸까?

역사적으로 유명한 발명과 발견들 중에는 일을 놓고 쉬거나 다른 활동을 할 때 우연히 이루어진 업적이 있다. 아르키메데스의 부력의 법칙, 만유인력의 법칙, 3M사의 포스트잇 등이 대표적인 예시이다. 상상력이나 창의력은 완전히 새로운 것을 만들어내는 것이라기보다는 기존의 것들을 새롭게 연결시키는 작업이다. 그러니 의식적으로 수많은 조합을 찾아보는 것보단 의식을 이완시켜 무의식과 협업하는 것이 훨씬 좋은 아이디어를 불러올 가능성이 높다. 이를 체계적으로 연구한 심리학자로 레오나르드 플로디노프가 있다.

121 우리에겐 고정관념을 버리고 새로운 패러다임을 향해서 마음을 여는 능력, 논리만큼이나 상상력에도 의지하여 다양하고 폭넓은 생각들을 해내고 통합하는 성향, 시도를 두려워하지 않고 실패를 견딜 수 있는 담대함이 필요하다.

We need the ability to abandon our ingrained assumptions and open ourselves to new paradigms; the propensity to rely on imagination as much as on logic and to generate and integrate a wide variety of ideas; and the willingness to experiment and be tolerant of failure.

122 천장만 높아져도 관점이 넓어질 수 있다. 낮은 천장, 좁은 복도, 창문 없는 작업 공간은 상반된 효과를 일으킨다.

You can widen your perspective even with higher ceilings. Low ceilings, narrow corridors, and windowless offices have the opposite effect.

123 무심하게 할 수 있는 무엇인가를 하고 있을 때에 마음은 가장 자유롭게 방랑한다. 그래서 그럴 때에 새로운 발상

이 가장 활발하게 만들어지는 것이다.

When you are doing something mindless, that's when your mind is most free to roam. That's why that is when you most actively create new ideas.

124 사람이 받을 수 있는 가장 강력한 계시는 상황이 변하고 있다는 사실이다. 익숙한 규칙을 더 이상 적용하지 않는 것, 예전 규칙에서는 거부되었을 작전이 가장 성공적인 작전이 될 수도 있다고 생각하는 것, 틀을 벗어나는 것이다.

The most powerful revelation one can have is that circumstances have changed. That the rules you are accustomed to no longer apply. That the successful tactics may be tactics that would have been rejected under the old rules. That can be liberating.

125 우리에겐 굳은 생각을 녹일 시간이 필요하다.

We need time to thaw our frozen thoughts.

126 우리는 우리가 믿고 싶은 사실을 선택한다.

We choose the facts that we want to believe.

127 물리적 현상과는 달리, 우리의 인생은 하나 이상의 이론

을 따르는 경우가 많다. 현실은 그중 우리가 어떤 이론을 믿기로 선택하느냐에 따르는 경우가 많다.

Unlike phenomena in physics, in life, events can often obey one theory or another, and what actually happens can depend largely upon which theory we choose to believe.

128 우리가 받아들이는 정보와 지식은 모두 무의식을 거쳐 편집된 내용이다.

All information and knowledge we accept are edited through our unconscious mind.

129 유연한 사고를 위해서는 무의식이 가진 고정관념을 극복해야 한다.

To think flexibly, you have to overcome the rigid ideas that your unconscious mind has.

130 무의식은 내가 인생을 헤쳐가면서 이따금 넘어질 때마다 나에게 필요한 지지를 제공하는 파트너이다.

My unconscious is a partner that always provides the support I need as I walk and stumble my way through life.

플로디노프는 우리가 두뇌 활동의 약 5퍼센트만을 의식하고 있으며 나머지 95퍼센트는 의식 바깥 영역, 즉 무의식에서 이루어지고 있다고 설명한다. 그는 만약 의식의 영역이 너무 넓어진다면, 우리의 뇌는 과부하 상태의 컴퓨터처럼 작동을 멈출 것이라고 주장했다. 따라서 우리는 스스로 기억하지 못하는 것을 무의식으로 기억하고 있을 수도 있고, 무의식이 있기 때문에 왼발이 먼저인지 오른발이 먼저인지 혹은 보폭은 어느 정도인지 생각하지 않으면서 걸어 다닐 수 있다.

그만큼 무의식은 우리의 선택에 많은 영향을 끼치는데, 이는 우리가 보는 세상 자체가 무의식에 의해 편집되었기 때문이다. 따라서 무의식에 고정관념이 많이 박혀 있는 사람은 창의적인 유연한 사고를 하기가 어렵다. 우리는 본인의 신념 외에도 다른 의견을 많이 들어봐야 소위 말하는 '꼰대'가 되지 않을 수 있다. 유연한 사고는 그런 '오픈 마인드'를 의미한다.

131 과거의 기억, 나 자신이나 남에 대한 판단, 신체언어(body language), 목소리나 생김새로 남을 판단하는 것도 무의식의 산물이다. 우리는 모든 것을 의식적으로 결정하고 판단한다고 생각하지만 사실은 그렇지 않다.

Memories from the past, judgment of oneself or others, body language, and judging others based on their voices or appearances are also products of unconsciousness. We think we decide and judge everything consciously, but in fact, we don't.

132 자신에 대한 여러 이론들 중에서 생존과 행복으로 향하는 이론을 유독 흔쾌히 받아들이는 성향, 이것은 마음이 가진 소중한 재주이다.

A tendency to accept the theory directed to survival and happiness more readily among various theories about us. This is a precious talent that our mind has.

133 인간의 마음은 과학자도 되고 변호사도 되도록 설계되었다. 가끔은 객관적 진실을 의식적으로 추구하는 사람이 되고, 가끔은 자신이 믿고 싶은 것을 무의식적으로 열렬히 변호하는 사람이 된다.

Human mind is designed to be the scientist and the lawyer at the same time. It sometimes consciously seeks for objective truth and it sometimes unconsciously defend what it wants to believe with passion.

134 우리는 자기 자신이 자기 영혼의 주인이라고 생각한다. 그렇지 않다고 느낀다면 너무 무섭다. 그런 상태가 바로 정신병이기 때문에.

We all hold dear idea that we're the captain of our own soul, and we're in charge, and it's a very scary feeling when we are not. In fact, that's what psychosis is.

135 쉰 살의 나는 서른 살의 나와 다른 사람이고, 우리는 하루 중에도 그때그때 상황과 사회적 환경에 따라서, 또한 호르몬 수치에 따라서 바뀐다.

Not only are we different people at fifty than we are at thirty, we also change throughout the day, depending on circumstances and our social environment, as well as on our hormonal levels.

136 성격은 지울 수 없도록 새겨진 것이 아니라 역동적으로 변화하는 것이다.

Personality is not engraved. It changes dynamically.

137 융과 프로이트를 비롯한 지난 세기의 여러 인물이 인간 행동의 무의식적 측면을 탐구했지만, 애매하고 간접적인 지식만 탄생했을 뿐, 인간 행동의 진정한 기원은 여전히 모호했다.

Though the unconscious aspects of human behavior were actively speculated about by Jung, Freud, and many others over the past century, the true origins of human behavior remained obscure.

138 인간의 행동은 의식과 무의식 양쪽에서 지각, 감정, 사고가 쉴 새 없이 흘러나와서 빚어진 산물이다.

Human behavior is the product of an endless stream of perceptions, feelings, and thoughts, at both the conscious and the unconscious levels.

139 우리는 겸손해야 한다. 제아무리 굳게 믿는 기억이라도 틀릴 수 있다. 한편으로 우리는 감사해야 한다. 기억할 수 있음과 모든 것을 기억하지 않음에 대해서.

We must be unassuming. No matter how strong our memory is, it can be wrong. On the other hand, we must be thankful. For that we can remember but can't remember everything.

140 나는 내 속의 숨은 자아가 의식의 중요한 길잡이라는 사실을 알고 무척 놀랐다. 무의식이 없으면 내가 당장 길을 잃을 것이라는 사실을 알고는 더욱 놀랐다.

I was shocked to find out that the ego hidden inside me is important guide of my consciousness, and I was more shocked to find out that I would be lost without my unconsciousness.

또한 우리의 감정은 의식적 원인이 아니라 신체적인 반응으로, 억지웃음을 짓다 보면 실제로 기분이 나아지는 호르몬이 나온다고 한다. 낙관적인 무의식을 갖고 있으면 인생이 잘 풀리고, 비관적인 무의식을 갖고 있으면 인생이 막막하고 뜻대로 되지 않는다. 이는 바로 스스로의 무의식이 성공 파트너가 되느냐, 방해꾼이 되느냐의 문제이다. 플로디노프가 말하고자 했던 것은 우리가 무의식에 끌려다닌다는 점이 아니라 무의식과 협업하는 방식을 깨달아야 한다는 점을 강조한다.

　　언뜻 보면 우리가 자각하지 못한 정신적 요인이 운명처럼 우리의 자유를 옭아매는 것 같지만, 사실은 그 정신적 요인인 무의식의 주체도 우리라는 것이다. 창의력이 곧 성공을 만든다. 그리고 그 창의력을 얻기 위해선 과부화된 뇌를 유연하게 만들어야 한다. 무의식이 성공적인 인생의 해답이 될 수 있다.

PART 2

불쑥 튀어나오는
우리의 본능

인간 행동 심리학에 대한 모든 것

세상에 우연은 없습니다. 모든 것은 우리의 생각이 만들어낸 결과입니다. 생각은 에너지이고 에너지는 파장입니다. 그리고 파장은 같은 파장을 끌어들입니다. 이것이 우리가 잘 아는 '끌어당김의 법칙(law of attraction)'입니다. 우리가 진정으로 바라는 것들을 끌어당기려면 어떻게 해야 할까요? 우리의 생각 전체가 그것이 되어야 합니다. 가장 많이 생각하는 것이 우연처럼 주어질 테니까요.

하지만 우리의 생각은 뜻대로 되지 않을 때가 많습니다. 바로 본능처럼 굳어진 습관 때문입니다. 어떤 행동과 습관은 본능처럼 우리를 장악하고 있습니다. 다른 사람들도 마찬가지로, 자기도 모르게 하는 행동이 있죠. 그렇다면 그 행동들에는 어떤 것이 있을까요?

거짓말쟁이들의
비밀 신호

– 폴 에크만 –
Paul Ekman, 1934~

대개 많은 사람들이 거짓말에 속아본 적도, 거짓말로 사람을 속인 적도 있다. 어렸을 때 부모에게 거짓말을 해 보지 않은 사람은 거의 없을 것이다. 하지만 우리 사회에는 악의적인 거짓말쟁이들이 많다. 사기나 다단계, 사이비 같은 속임수들이 우리의 앞길에 도사리고 있는 요즘 거짓말을 간파하는 방법은 꼭 필요하다. 지금도 여러 심리학자들이 거짓말에 대한 연구를 하고 있다. 사람들은 자신이 직감으로 속임수를 간파한다고 믿고 있지만, 사실은 무의식적으로 그동안 만난 거짓말들의 빅데이터를 조합해 추리하는 것이다.

이를 연구한 심리학자 중 잘 알려진 사람은 바로 폴 에크만이다. 그는 표정, 몸짓, 목소리만으로 거짓말을 알아내고, 상대방이 어떤 감정 상태인지를 알아내는 비언어적 커뮤니케이션 분야의 세계적 전문가이다.

141 거짓말은 '상대방이 자신을 속여도 된다고 동의하지 않았고, 거짓말을 하는 사람 역시 거짓말을 하겠다고 사전에 밝히지 않았을 때' 성립된다.

A lie is 'an act in which someone makes a deliberate choice to mislead another person(s) without giving prior notification of that intention'.

142 격한 감정을 숨기는 가장 좋은 방법은 가면을 쓰는 것이다.

Best way to conceal strong emotions is with a mask.

143 얼굴 전체나 일부분을 손으로 가리거나 말하고 있는 상대방으로부터 고개를 돌리는 행동은 '나는 거짓말을 하는 중이야'라고 고백하는 것이나 다름없다.

Covering the face or part of it with one's hand or turning away from the person one is talking to usually can't be done without giving the lie away.

144 자신의 감정을 숨기기 위해 다른 감정을 위장의 용도로 사용하는 가면 중에서 가장 많이 사용되는 것은 미소다. 미소는 두려움, 분노 등 모든 부정적인 감정들을 감출 수 있다.

Emotion can be falsified to help conceal any other emotion.

The smile is the mask most frequently employed. It serves as the opposite of all the negative emotions—fear, anger, distress, disgust, and so on.

145 지키지 못한 약속은 거짓말이 아니다.

A broken promise is not a lie.

146 아무도 거짓말을 파악하는 방법을 모르기 때문에 대부분의 거짓말이 성공한다.

Most lies succeed because no one goes through the work to figure out how to catch them.

147 사람들은 자신이 언제 어떤 감정을 느낄 것인지 능동적으로 선택할 수 없다.

People cannot deliberately choose when and what kind of emotion to feel.

148 감정은 우리가 세상을 보는 방법과 타인의 행동을 해석하는 방법을 바꾼다.

Emotions change how we see the world and how we interpret the actions of others.

149 거짓말과 얽히곤 하는 세 가지 감정은 발각의 두려움, 속임의 죄책감, 그리고 속이는 즐거움이다.

There are three emotions that are so often intertwined with lie: fear of being caught, guilt about lying, and delight in having duped someone.

150 놀람은 가장 짧게 일어나는 감정이다. 우리가 놀랐다는 것을 깨닫기 전까지만 놀라게 되기 때문이다. 놀람은 예상치 못한 것들과 관련이 있다.

Surprise is the shortest emotion, because we're only surprised until we know we're surprised.

에크만은 미국 심리학회가 인정한 '20세기 가장 영향력 있는 심리학자', 〈타임(Times)〉지가 선정한 '세계에서 가장 영향력 있는 100인' 중 한 사람이며, 미국 FBI, CIA 등 세계적 범죄용의자의 심리 분석 자문가로 활동 중이다. 그는 거짓말뿐만 아니라 인간의 감정과 표정에 대해서도 주목했다.

그는 "인간은 비참할 때도 웃는다."와 같은 감정 관련 명언을 남겼으며, 우리가 거짓말을 파악할 수 있는 요인도 몸짓과 목소리, 그리고 '미세표정(micro-expressions)'에 있다고 말했다. 사람은 무언가를 접할 때 0.2~0.5초간 짓는 짧은 표정이 있다고 하는데, 이를 '미세표정'이라 부른다. 아무리 뛰어난 사기꾼도 이 짧은 반응을 통제하지 못한다. 에크만에 의하면, 인간의 표정은 본능과도 같아서 지역과 문화권에 상관없이 비슷하다는 연구 결과도 제시된 바 있다.

151 거짓말쟁이는 남들이 가장 많이 주시할 만한 것—주로 말과 표정—만 감추고 위장한다.

Liars only conceal the things that others will watch the most—usually words and facial expressions—to disguise.

152 거짓말 단서를 찾는 법을 배우는 목적은 세 가지다. 거짓말쟁이를 더 잘 찾아내고, 사실을 오해하는 일을 줄이며, 무엇보다 앞의 두 가지가 불가능한 상황을 깨닫기 위해서다.

There are three reasons why we learn to find signs of lying. To find liar well, to reduce misinterpretation of the fact, and above all, to find out the situation that previous two are impossible.

153 말실수를 하고 나서야 사람은 비로소 자신이 무슨 말을 억제해왔는지 깨달을 수 있다.

The suppression of the speaker's intention to say something is the indispensable condition for the occurrence of a slip of the tongue.

154 한 연구 결과, 사람들이 거짓말을 할 때는 직접적인 대답을 피하고 얼버무리거나 필요 이상으로 많은 말을 하는 것으로 나타났다.

A study found that, when people lie, they avoid to give direct answers and give evasive ones or speak more than needed.

155 우리는 거짓말을 할 때 목소리 톤이 올라간다는 사실을 발견했다.

We found out that our voice tone is higher when we lie.

156 각각의 감정을 나타내는 표정은 하나만 있는 게 아니다. 감정에 따라 수십, 수백 개의 표정이 있기도 하다.

There is not only one expression for each emotion. There are sometimes dozens or hundreds of facial expressions for each depending on what kind of emotion you feel.

157 사람이 순간적으로 짓는 미세표정은 감정을 숨기기가 그만큼 어렵다는 것을 보여준다.

Micro-expressions that occur within a fraction of a second to people show how hard it is to hide emotions.

158 신뢰를 얻기 위해서는 적어도 상대방이 느끼는 감정, 특히 상대방 자신도 인식 못하거나 드러날까 우려하는 감정에 민감해야 한다.

To gain trust, you need to be at least sensitive to emotions that other people feel, especially emotions which they don't even realize or fears to show.

159 거짓말을 감지하는 것과 관련된 실수는 '거짓말하는 사람을 믿을 때'뿐 아니라 '진실한 사람을 믿지 않을 때' 벌어지기도 한다.

Mistakes with detecting the lie occurs when 'believing-a-lie' and also when 'disbelieving-the-truth'.

160 입은 침묵해도 표정은 진실을 말한다.

If his lips are silent, he chatters with his finger-tips.

마지막으로, 그는 "신뢰가 깨지면 중요한 관계는 유지되지 못한다."라는 명언을 남겼다. 중요한 관계는 서로에 대한 신뢰를 바탕으로 이루어지기 때문이다. 따라서 우리는 거짓으로 우리의 신용을 깎아먹지 않아야 한다. 세상에는 거짓말에 속기만 하는 사람도 없고, 거짓말을 하는 사람도 없기 때문이다.

거짓말쟁이가 줄어들어야 한다면, 우리가 먼저 거짓말을 줄이는 수밖에 없을 것이다. 거짓말은 인간의 주요 특징이다. 이는 우리 삶에 필수적인 역할을 하며, 거짓말을 이해하는 것은 인간에 관련한 모든 일과 관련이 있다. 하지만 범죄나 사기 등과 같은 위험 요소에서 멀어지기 위해서는 에크만의 조언을 경청할 필요가 있다.

우리가 기억을
왜곡하는 이유

− 대니얼 샥터 −

Daniel Lawrence Schacter, 1952~

애매한 기억 때문에 누군가와 다툰 적이 있는가? 우리 옛 말에는 '서울에 가보지도 않은 사람이 서울에 가본 사람을 이 긴다.', '목소리 큰 사람이 이긴다.'는 말이 있다. 혹은 누군가 길 을 걷다 말을 걸어왔을 때, 그 사람의 이름이 무엇인지 기억나 지 않을 때가 있다. 혹은 차 열쇠나 지갑을 가져가려고 하는데 평소와 다른 곳에 놓고 깜빡한 적이 있다. 그렇다고 우리의 기 억이 그것을 휴지통에 버리듯 지워버린 것은 아니다. 보통 뒤늦 게 기억이 나거나, 비슷한 기억이 연상되는 경우가 많을 것이다. 그러니 심하지 않은 건망증은 치매와 연관이 없다.

그러면 우리는 왜 이리도 자주 깜빡하고, 겪지도 않은 일 을 기억하는 것일까? 이에 대해 하버드 대학의 대니얼 샥터 교 수는 〈기억의 7가지 죄악(The Seven Sins of Memory: How the Mind Forgets and Remembers)〉이라는 책을 통해 독자에게 기억 의 여러 실수들을 증명한다. 다양한 사례를 들어 친밀하게 다가오는 그의 저서는 우리로 하여금 기억이 실수할 수 있는 것을 인지하여 더 큰 실수를 방지하게 만들어 준다.

161 우리는 종종 무심코 과거 경험을 지금 알고 있거나 믿고 있는 것에 비추어 수정하거나 완전히 다시 쓴다.

We often edit or entirely rewrite our previous experiences—unknowingly and unconsciously—in light of what we now know or believe.

162 우리는 누구나 낯익은 사람의 이름을 생각해 내지 못한 적이 있다. 이러한 좌절스러운 경험은 우리가 주의를 기울이고 있을 때에도 일어나며, 원하는 이름이 계속 머릿속을 맴돌고 있을 때도 일어난다.

We've all failed to produce a name to accompany a familiar face. This frustrating experience happens even though we are attending carefully to the task at hand, and even though the desired name has not faded from our minds.

163 기억이 가진 습성 중 하나는 지속성이다. 이는 마음에서 모두 사라져 버리기를 원하는 고통스러운 정보나 사건들이 반복해서 떠오르는 것을 말한다.

One of the properties that memory have is persistence. This

entails repeated recall of disturbing information or events that we would prefer to banish from our minds.

164 얼마나 많은 사건들이 무고한 사람을 유죄 판결로 이끌면서 부정확한 목격자 증언을 만들었겠는가?

How many cases would have made inaccurate witness testimonies leading wrongful convictions of innocent individuals?

165 암시된 기억들은 원래 기억만큼 사실같이 느껴질 수 있다.

Implicit memories can be felt as real as original memories.

166 현재의 질서에 맞추기 위해 과거의 역사를 수정한 오웰의 〈1984〉에 나오는 진실부처럼, 일반 지식은 기억이 예상에 잘 들어맞도록 이야기의 회상을 편향시킨다.

Just like the ministry of truth in George Orwell's <1984>, which tried to alter the written historical record to maintain order in the present, general knowledge manipulates the actual experience of remembering to make it fits with prediction well.

167 사람은 세상을 중립적으로 관찰하지 않는다. 우리 사회에서 개인들은 자기 자신을 더 높이 생각하고, 종종 자기의 능력과 성취에 대해 비현실적으로 아첨하는 의견을 갖도록 동기 부여된다.

People don't observe the world in a neutral way. In our society, individuals are motivated to think of themselves as a higher level and sometimes to have unrealistically flattering opinions about their ability and achievements.

168 충분히 조심하고, 과거와 현재 모두에 대한 확신의 가능한 출처를 확인함으로써 우리는 기억이 그 주인을 위한 담보로 작용할 때 일어나는 왜곡을 줄일 수 있다.

By being careful enough and confirming the resource that is certainly about both past and the present, we can reduce the distortion that happens when memory works as guarantee for its owner.

169 긍정적인 착각을 아주 잘하는 사람들은 손상되거나 부적합한 방식으로 기능하는 대신, 보통 그들 인생의 많은 면에서 잘 지낸다.

People who make positive illusions well function in damaged or inappropriate way, but they stay well in many aspects of their lives.

170 실수로 자동차 열쇠나 안경을 잘못 놓는 것은 보통 개인
적인 고민이나 직장에서 회의를 어떻게 진행하는가와 같
은 좀 더 중요한 일들에 정신적 에너지를 쏟기 때문이다.

Mistakes such as putting car keys or glasses at wrong place
usually happen because people use their mental energy on
more important tasks like personal concerns or meeting
procedure on workplace.

단기기억상실증 환자를 주인공으로 한 영화 〈메멘토〉를 보
자. 주인공은 10분 전의 일을 기억하지 못하는 '죄'만 저지르
는 데 그치지 않는다. 그는 자신에게 불리한 기억을 교묘히 조
작해 악한 자신을 선한 존재로 포장한다. 주인공은 기억상실과
싸우기 위해 온몸에 기록을 남기지만, 자신의 추악한 기억을
교묘하게 뒤바꾸는 일도 서슴지 않는다.

우리의 기억도 뇌에서 재구성되는 경우가 많기 때문에 망
각 못지않게 왜곡이 이루어진다. 샥터 박사는 망각과 왜곡 등
인간의 기억이 갖는 문제를 성경의 일곱 가지 대죄에 비유해
과학적으로 설명한다. 그가 명명한 기억의 7대 대죄는 소멸, 정
신없음, 막힘, 오귀인(誤歸認), 피암시성, 편향, 지속성이다.

171 우리는 기억을 보관만 잘하면 넣을 때와 똑같은 상황에서 꺼낼 수 있는 가족 앨범의 스냅 사진처럼 생각하는 경향이 있다.

We tend to think of memories as snapshots from family albums that, if stored properly, could be retrieved in precisely the same condition in which they were put away.

172 우리는 일어난 것 또는 항상 일어나는 것의 요점에 대한 기억에 훨씬 더 의존하고, 그러면서 간섭과 심지어 추측으로 세부 사항을 재구성하려고 한다.

We thus rely ever more on our memories for the gist of what happened, or what usually happens, and attempt to reconstruct the details by inference and even sheer guesswork.

173 노인들은 종종 과거 경험의 구체적인 세부 사항을 회상할 것이라고 기대하지 않는다. 노인 집단이 사기에 쉽게 이용당하는 것을 줄이기 위해 노인들이 자신의 기억에 대한 기대를 변화시키려고 하는 노력은 가치 있는 일일 것이다.

Sometimes seniors are not expected to recall specific details about past experience. To reduce the vulnerability of an aging population to frauds, it would be worthwhile to try to alter older adults' expectations of their own memories.

174 우리는 모두 잠재적으로 비의도적인 표절을 할 수 있다.

We can all make inadvertent plagiarism potentially.

175 사람들은 때때로 현재의 자기에 대해 더 나은 견해를 유
지하고 증진시키려고 과거의 자기를 나무란다.

People sometimes blame themselves in the past to maintain
and develop better perspective to themselves now.

176 고정관념은 우리가 어떻게 생각하고 행동하는지를 결정
할 뿐만 아니라 우리가 기억하는 것에까지 영향을 미칠
수 있다.

Activated stereotypes bias not only how we think and behave;
they can also influence what we remember.

177 검증되지 않은 편향과 합리화는 우리를 자기 망상의 끝
없는 심연으로 이끌 수 있을 것이다.

Untested bias and rationalization can lead us to endless abyss
of self-delusion.

178 지속성은 실망과 슬픔, 후회라는 환경에서 번성한다.

Persistence thrives in negative emotional situations such as disappointment, sadness, and regret.

179 과거에 갇히는 경향은 그 사람이 외상 직후에 어떻게 반응하는지에 따라 달라진다.

The tendency to get stuck in the past depends on how the person reacts right after trauma.

180 기억의 악덕은 또한 기억의 미덕이며 우리의 마음을 세상과 연결시키기 위해 시간을 가로지르는 다리 같은 요소인 것이다.

Memory's vices are also its virtues, elements of a bridge across time that allows us to link the mind with the world.

샥터 박사는 우리가 당연하게 생각하는 기억의 실망스러운 측면, 우리들이 피하고 싶고 그것 때문에 짜증나고 힘들어하는 측면을 파헤친다. 우리의 기억이 어떤 방식으로 작동하는가를 이해하는 과정에서 자신의 기억이 불만스러웠던 이들은 다소 위안을 얻을 수 있을 것이다. 그가 제시하는 방법들로부터 기억 오류를 줄이기 위한 자신만의 해결책을 스스로 찾아낼 수도 있다.

샥터는 개인의 기억 오류는 개인적인 문제일 뿐만 아니라 사회적으로 큰 파장을 일으킬 수 있음을 여러 예를 통해 제시하고 있다. 아울러 우리 사회의 여러 절차가 기억의 오류에 더욱 민감해지고 기억의 오류로 인해 무심코 일어날 수 있는 커다란 불행(결백한 사람을 사형시킨다거나 하는)을 사전에 예방하여야 할 필요성을 일깨울 수 있도록 도와주고자 한다.

마케팅의 답은
행동심리학에 있다

― 해리 벡위드 ―
Harry Beckwith, 1949~

오늘날에 있어 '비즈니스'라고 불리는 일은 거의 모두 마케 팅과 같은 카테고리에 속한다. 우리가 주로 맡는 업무도 마케 팅처럼 '내가 선택하는 것을 다른 사람도 선택하게 만드는 일' 이기 때문이다. 그렇다면 사람들은 어떤 것을 더 선호하고, 어 떤 인상을 심어야 관계를 더 잘 이끌어나갈 수 있을까?

경제적인 활동에 있어 우리는 소비자의 위치에 있다. 하지 만 개인적인 취향과 보편적인 취향, 그리고 유행과 트렌드의 유 통기한 등은 철저히 분석해야 알 수 있다. 이에 대해 미국의 경 제경영학자 해리 벡위드는 여러 성공한 기업 브랜드의 사례를 분석하여 사람들이 어떤 것을 더 소비하는 경향이 있는지 밝 혀낸 바 있다. 그는 200대 기업에서 최고의 비즈니스 컨설턴트 로 활약하고 있다. 그가 저술한 책들은 24개 언어로 번역되어 밀리언셀러 반열에 올랐고 〈뉴욕타임스〉, 〈월 스트리트 저널〉, 〈비즈니스 위크〉를 통해 알려졌다. 그의 책에는 어떤 비밀이 숨겨져 있을까?

181 돈은 트로피이고, 일은 게임이다.

Money is the trophy, work is the game.

182 우리는 여전히 어린아이이며, 아이가 되길 갈망하면서 아이폰이 그러는 것처럼 어린 시절의 색깔을 일깨워주기까지 하는 값비싼 장난감들을 산다.

We are still and long to be a child, and buy expensive toys that reminds us colors of childhood like iPhone does.

183 우리가 사랑하는 경험, 즉 우리를 기쁘게 하는 순간들은 놀라움에서 솟아난다.

The experiences we love, the moments that please us, rise from the amazement.

184 모든 비즈니스맨들의 관점에서 볼 때 최고로 여겨지는 것은, '영원히 기억되는 것'일 것이다.

From the view of all businessmen, what is considered the best would be what is 'remembered-forever'.

185 의미를 주는 스토리가 없으면 제품은 그저 물건에 불과

할 뿐이다.

Without story that gives meaning, a product is just a mere thing.

186 우리는 거인을 믿지 않는다. 한 번도 믿은 적이 없다. 사람들은 다윗과 골리앗 이야기를 들을 때 다윗에게 자신을 대입하고, 대체로 승자보다 패자를 사랑한다.

We don't believe giants. We never did. When hearing a story of David and Goliath, people put themselves in David's place and tend to love a loser more than a winner.

187 우리는 우리 모두를 위해 삶과 자유와 행복을 추구하지 않는다. 우리는 우리 '각자'를 위해 이를 추구한다.

We don't reach out for life, freedom and happiness for all of us. We reach out for them for 'each' of us.

188 우리는 경찰이 아니라 도둑을 응원한다. 마음속으로 우리는 범법자이지 않은가?

We support a thief than a police. Aren't we criminals in our minds?

189 오늘날 우리는 우리가 소유한 것을 디자인함으로써 우

리 스스로를 차별화시킬 수 있다. 우리는 독특해 보이고 싶어 하는 욕망을 가지고 있다.

These days, we can differentiate ourselves by designing what we owns. We have desire to look unique.

190 우리는 찾기 어려운 것들을 소중하게 생각한다. 그런 것들이 우리를 특별하게 만들고 보다 가치 있는 것처럼 보이게 만들기 때문이다.

We value the things that are hard to find. Because those things make us special and make us look like more valuable.

낯선 길에서 허기를 달래기 위해 식당을 찾는 부부가 있다. 그들은 인테리어가 멋지고 맛도 그럴듯해 보이는 식당을 제쳐 두고 별로 좋아하지 않는 패스트푸드 체인점의 햄버거를 선택했다. 이 부부는 훨씬 더 맛있는 음식과 친절한 서비스를 즐길 수 있을지도 모르는 가능성을 선택하기보다 좋지 않은 경험을 할 수도 있는 위험을 최소화하는 선택을 한 것이다.

사람의 마음을 읽기란 쉽지 않다. 하지만 벡위드의 책에서는 한 사람이 아닌 다수의 마음을 쉽게 사로잡을 수 있는 사례들을 다룬다. 마케팅, 광고 전문회사를 운영하는 그는 이 분야의 폭넓은 경험을 바탕으로 이 같은 유용한 전략들을 간단

명료하게 전한다.

191 우리는 혼자 있는 것을 두려워한다. 우리는 일부가 되고
싶은 것이다.

We afraid to be alone. We want to be a part of something.

192 우리는 좋은 대의와 가치의 일부가 되기를 원한다. 우리
만큼 열정적으로 다른 사람들과 함께 고통을 나누는 사
람들은 없다.

We want to be a part of good causes and values. No one shares
pain with others as passionately as we do.

193 우리는 사람들이 보는 프로그램과 책에 대한 대화에 참
여하길 원한다. 그래서 사람들이 무엇을 읽고 무엇을 보
는지 알고 싶어 한다. 그만큼 중요한 사실은 그런 대화에
끼어들지 못한다는 느낌을 받고 싶어 하지 않는다는 것
이다.

We want to participate in the conversation about programs
people watch and books people read. So we want to know
what they read and watch. The important fact is they
don't want to get the feeling they can't be involved in those
conversations.

194 우리는 익숙한 것을 원한다. 너무 익숙해진 나머지 질려 버릴 때까지만 말이다.

We want something familiar. So familiar that we are almost sick of it.

195 우리는 익숙한 것을 좋아한다. 특히 의미가 깊고 풍부한 것이면 더 좋아한다. 우리는 익숙한 것에 질릴 수는 있지만 좋은 추억들과 그 추억을 만들어준 브랜드에는 절대로 질리지 않는다.

We like something familiar, especially things with deeper and richer meanings. We can be sick of the familiar things but never be sick of good memories and a brand that has given us those memories.

196 낙관주의자들은 엄청난 선전문구를 만들어내는 낙관주의자들을 본받고자 하고, 그들이 만들어낸 선전문구를 믿는다.

Optimists want to emulate the optimists generating massive slogans, and believe those slogans they generated.

197 우리는 외형의 시대에 살고 있다. 디자인이 이 시대를 지배하는 것은 디자인이 효과가 있고 아름다움에 대한 사

랑이 우리의 뼛속 깊이 존재하기 때문이다.

We are living in the era of appearance. Designs dominate the world because they are effective and there is love for aesthetics deeply in our bones.

198 아마도 우리가 아름다움을 사랑하는 것은 어른들이 오랫동안 우리에게 그렇게 해야 한다고 말했기 때문일지도 모른다.

Maybe we love aesthetics because adults have told us that we should do so for a long time.

199 우리는 원과 곡선을 사랑하고 네모와 모서리를 싫어한다. 또한 복잡한 것보다 단순한 것을 좋아하고, 얼룩이 없는 것에서 '건강함'을 느낀다.

We love circles and curves and hate squares and corners. And we also like simple things rather than complex ones, and feel 'healthy' from spotless ones.

200 명성은 기대치를 만들어내고 우리의 기대치는 우리의 인식을 변화시킨다.

Fame creates expectations and our expectations change our perception.

백위드의 저서는 "고객은 친밀한 것을 선택한다.", "어정쩡한 가격은 피하는 것이 좋다."고 말하는 등 실용적인 마케팅지침서 역할을 하기도 하고, 때로는 "당신의 경쟁자는 당신의 고객이다.", "수많은 형용사보다 진실한 이야기가 낫다."며 기본적인 마케팅 마인드를 강조하기도 한다.

또한 그는 우리가 최선이라고 믿고 싶어 하는 것과 진짜 원하는 것 사이의 보이지 않는 간극을 규명해내고, 이를 활용해 성공적인 결과를 창출할 수 있는 능력을 '언씽킹'이라고 정의한다. 그리고 우리의 생각(Thinking)은 누군가의 간섭과 통제를 받아 왜곡될 수 있기 때문에, 언씽킹의 영역을 통해 스스로 선택하고 행동할 수 있도록 이끌어야 한다고 말한다.

음식을 보면
침이 나오는 이유

— 이반 파블로프 —
Ivan Petrovich Pavlov, 1849~1936

　우리는 맛있는 음식을 보게 되면 군침을 삼킨다. 또한 보상이 없는 일에는 지루함을 느끼고, 보상이 있는 일은 열심히 임하며 재미를 느낀다. 그리고 독하게 마음먹은 다이어트도 식습관 자체를 바꾸지 않으면 '요요 현상'으로 소용없게 된다. 집 안의 물건도 큰 맘 먹고 정리해도 시간이 지나면 다시 쌓인다. 물건을 계속해서 사들이는 습관은 그대로이기 때문이다. 그럼 습관은 어떻게 만들어지는 것일까?

　러시아의 생리학자 이반 파블로프는 심리학에 큰 공헌을 했다. 바로 뇌과학과 심리학, 인간의 행동에 주목하여 실험적인 근거를 제시한 것이다. '파블로프의 개'는 누구나 알고 있는 상식적인 실험이다. 종을 치고 개에게 먹이를 주다 보면, 종소리만 들어도 개가 침을 흘린다. 그런데 파블로프는 어떻게 해서 이를 인간의 습관과 연결 지을 생각을 했을까?

201 인간의 정신은 인간이 기대하는 것보다 훨씬 비자율적인 방식으로 조건화된다.

Human mind is conditioned much more involuntary way than human expects.

202 조건반사는 공통된 현상이며 보편적 사건으로 일상의 삶에서 없어서는 안 되는 기능이다. 인간은 그것을 '교육', '습관', '훈련' 등의 이름으로 인식해왔다.

Conditioned reflex is a common phenomenon, an universal event, and an indispensable function in everyday life. Humans have perceived it as names such as 'education', 'habit', and 'training'.

203 환경과 엄격한 조화를 이루지 못한 동물은 오래지 않아 멸종할 것이다. 동물은 생존을 유지시키는 방식으로 환경의 변화에 즉각 반응해야 한다.

Animals that are not in tight harmony with the environment will soon be extincted. Animals should respond immediately to environmental changes in a way that keeps them survive.

204 개가 무언가를 배우는 방식과 인간이 교육과 훈련으로 문명화되는 방식은 다르지 않다.

The way the dog learns something and the way the human civilizes through education and training are not different.

205 논쟁은 생각하는 데 있어 최고의 촉매제이다.

Arguments are best catalysts of thinking.

206 배고픈 사람은 맛있는 음식을 보고 군침을 흘린다.

Hungry people drool when they see delicious food.

207 거리에서 혁명이 일어나더라도 연구소에는 제 시간에 도착하라.

Get to the laboratory even when there was revolutionary activity on the streets.

208 심리학은 심오한 인문학적 비밀을 파헤치는 것이 아니라, 인간의 신체가 어떻게 반응하는지 과학적으로 알아내는 학문에 가깝다.

Psychology is more like scientific study of how the human body reacts, than reveal of profound secrets of humanities.

209 새의 날개가 아무리 완벽할지라도 공기가 없다면 그 날개는 결코 새를 들어 올릴 수 없다. 과학에 있어 사실은

공기와 같다. 사실 없이는 과학자는 결코 성공할 수 없다.

Perfect as the wing of a bird may be, it will never enable the bird to fly if unsupported by the air. Facts are the air of science. Without them a man of science can never rise.

210 어리석은 사람이야말로 잘난 체하며 거만하게 행동한다. 제 딴에는 흡족하여 우쭐거리지만 그 모습은 늘 다른 사람들의 비난의 대상이 된다.

Foolish people show off and act arrogant. They smug with satisfaction but their behaviors are always criticized by others.

파블로프는 환경 자극에 일정하게 반응하는 동물의 반응을 분석했다. 그래서 개가 어떤 것에 반응하여 침을 흘리는지 알아보면서 개가 먹이를 볼 때만 아니라 먹이를 생각할 때도 침을 흘리는 것을 발견하여 이를 인간 심리에 접목하였다. 그는 그 당시 심리학자들이 추상적인 정신분석에 몰두하고 뇌과학이나 실험적인 근거로 뒷받침하지 않는 이론을 지적했다.

파블로프는 '문화'와 '사회'도 복잡한 체계의 반사반응으로 이해될 수 있으며, 인간의 조건반사는 선천적인 무조건반사를 억누를 만큼 강력하다고 주장했다. 개와 달리, 인간은 '문명'을 발달시키는 데까지 나아가기 때문이다.

211 과학의 진리는 빗발치는 비난의 목소리와 함께 자신의 길을 개척해왔으며, 발견은 실험의 실패에서 시작된다.

The truth of science has pioneered its own way with the voice of criticism, and the discovery begins with the failure of an experiment.

212 문제를 어떻게 관찰하는지는 곧 행동방식의 문제이며, 방법의 문제이다.

How to observe a problem is a matter of behavior, and a matter of method.

213 아무리 자부심이 강하더라도 항상 용감하게 "나는 항상 무지하다."라고 자신 있게 말하라.

However highly you are appraised, always have the courage to say to yourself "I am ignorant".

214 천천히, 끊임없이 나아가라.

Move on slowly and steadily.

215 배우라, 비교하라, 사실을 수집하라.

Learn, compare, collects facts.

216 만약 불을 피해 달아나지 않고 불길로 뛰어든다면, 그 동물은 조만간 죽고 말 것이다. 조건반사는 이와 같은 이유를 들어 설명할 수 있다.

If an animal doesn't run away from the fire and jumps into the flames, it will die soon. The conditioned reflection can be explained in this way.

217 마약 중독 말기의 중독자들이 내성치 이하의 마약을 사용했음에도 사망하는 사례가 있다. 이는 그들이 같은 공간에서 같은 마약을 사용하지 않아서이다.

There is a case that drug addicts in the late state of addiction were dead even though they used drugs under resistance level. This was because they didn't use the same drugs in the same space.

218 준비하지 못한 모든 자극은 우리 몸에 스트레스 요인으로 다가온다.

All stimuli that we weren't prepared becomes factor of stress to our bodies.

219 스스로의 생각과 행동에 혼란을 느끼지 않는 것. 환경의 일관성은 생각보다 사람의 정서적 안정에 굉장히 중요하다.

No frustration to your own thoughts and behaviors. Consistency of an environment is very important to emotional stability of human.

220 과학적 입증은 심리학에서도 아주 중요한 요인으로 기능한다.

Scientific proof also serves as an very important factor in psychology.

파블로프의 연구는 행동심리학(psychology of behavior)에 지대한 영향을 미쳤다. 행동심리학은 인간이 자극에 일관성 있게 반응하며 자극마다 조건반응을 만들어낸다는 면을 강조한다. 특히 강경한 행동심리학자들에게 인간의 자유의지 사상은 허상에 불과하다.

파블로프는 그러한 면에서 심리학이라는 학문을 불신했으나, 지금은 심리학과 떼려야 뗄 수 없는 관계가 되었다. 그는 측정 가능한 생리학적 반응에 집중함으로써, '내면의 동기와 소망'을 중시한 프로이트와 정반대 방식으로 심리학에 접근했다. 또한 그는 매우 성실하게 실험실로 출근했는데, 이는 오늘날 우리가 본받아야 할 '인생 모토'로도 볼 수 있을 것이다.

인간의 본성은
악할까 선할까

– 에리히 프롬 –

Erich Pinchas Fromm, 1900~1980

담배를 완전히 끊는 것은 담배 생각이 나지 않는 것이다. 이처럼 생각을 하지 않으면 사람이든 사물이든 우리의 머릿속에서 사라진다. 완전한 용서는 어떤 일이나 사람에 대해 잊어버리는 것이다. 일어난 일은 생각을 부르고, 그 생각 때문에 용서를 하기 어려워진다. 용서는 어떻게 탄생하게 된 것일까? 사실 용서는 상대방을 위한 이타적인 행위라기보단, 스스로가 더 편해지기 위한 선택이기도 하다.

그렇다면 이타적인 것이 무조건 선한 행위일까? '선함'과 '악함'은 철학적으로도 큰 이슈였지만, 심리학에서도 선악의 개념을 면밀하게 다룬 심리학자가 있다. 바로 미국의 정신분석학자이자 사회심리학자인 에리히 프롬이다. 그의 저서인 〈사랑의 기술(The Art of Loving)〉은 34개국 언어로 번역되어 수백만 부가 팔렸고, 여전히 많은 사람들의 지지를 얻고 있는 인문학적 이론의 아버지로 알려져 있다.

221 인간의 역사는 피로 쓰여져 왔고 거의 예외 없이 인간의 의지를 굽히기 위해 힘을 사용해온 계속되는 폭력의 역사다.

Human history has been written in blood; it is a history of continuous violence, in which almost invariably force has been used to bend man's will.

222 살인자는 대다수가 양이 늑대처럼 행동하게 만들기 위해 그들의 목적이 고상하다든가, 자유에 대한 위협에 대처한다든가, 총검에 찔려 죽은 어린애, 강간당한 부인, 더럽혀진 명예를 위해 복수한다든가 하는 이야기를 꾸며내지 않으면 안 된다.

Murderers have to make up stories like how noble their purpose is to make most sheep act like wolves, dealing with threats to freedom, a dead child stabbed to by bayonets, a raped wife, or revenge for a besmirched honor.

223 19세기의 문제는 신이 죽었다는 것이다. 20세기의 문제는 인간이 죽었다는 것이다.

In the nineteenth century the problem was the that God is dead, in the twentieth century the problem is that Man is dead.

224 어찌해서 집단으로서의 인간은 그토록 말도 안 되는 짓

을 서슴지 않으며, 어쩜 그렇게도 쉽사리 유혹에 빠지는 것일까?

Why does a human in group does not hesitate to do such ridiculous things, and is so easily tempted?

225 인간은 늑대이기도 하고 양이기도 하다.

Humans are wolves and sheep at the same time.

226 '시장에서 얼마나 잘 팔릴 수 있는 상품인가?'라는 획일 적 기준에 의해 평가받고, 스스로 상품화하도록 만드는 세상은 사람으로 하여금 삶을 사랑하기 어렵게 만든다.

A world that makes an individual to be evaluated by a uniform standard like 'how well this product can be sold in the market' and to commodity oneself makes the individual difficult to love one's life.

227 현대 산업사회에서 살아가는 사람들은 삶에 무관심하게 되지만 그것을 알지 못하기 때문에 자신이 소유하고 있 는 것이 많아질수록 더욱 행복할 것이라는 환상 속에서 살아가게 된다.

People living in modern industrial society become indifferent to their lives but they don't recognize this to live in the fantasy that the more things they own the more happier they will be.

228 사랑에는 전염성이 있다. 삶을 사랑하는 사람들과 함께
하면 삶을 사랑하게 되고, 죽음을 사랑하는 사람들과 함
께하면 죽음을 사랑하게 된다.

Love is contagious. If you are with people who love life, you
love life, and if you are with people who love death, you love
death.

229 기본적인 물질적 조건이 위협받지 않는 의미에서 안전하
고, 어느 누구도 다른 사람의 목적을 위한 수단이 되지
않는 의미에서 정의롭고, 각자가 사회의 일원이 될 가능
성을 갖고 있다는 의미에서 자유로운 사회일 때 삶에 대
한 사랑이 원활하게 발달할 수 있을 것이다.

Love for life can develop freely when our society becomes safe
in the sense that fundamental material conditions are secure,
just in the sense that nobody becomes means for someone's
purpose, and free in the sense that each of us has the potential
to become member of society.

230 사랑처럼 엄청난 희망과 기대 속에서 시작되었다가 반드
시 실패로 끝나고 마는 활동이나 사업은 찾아보기 어려

울 것이다.

There is hardly any activity, any enterprise, which is started
with such tremendous hopes and expectations, and yet,
which fails so regularly, as love.

프롬은 한평생 근대인에게 자유의 의미가 무엇인지 물었으며, 소외를 넘어선 인본주의적 공동체를 위해 보이지 않는 우리 마음속의 적과 싸운 사람이었다. 그는 '사회적 조건(social conditions)'과 '이데올로기(ideologie)' 사이에 '사회적 성격(social character)'이라는 개념을 설정하였으며, 이 셋의 역학적 관계에 따라 역사와 사회의 변동을 파악하고자 했다.

이러한 시도는 사회심리학이라는 새로운 장을 여는 계기가 되었으며, 이를 통해 근대 사회의 숨어 있던 성격이 확연히 드러났다. 그는 이 방법론을 적용하여, 납득할 수 없는 무시무시한 광기로 가득 찬 나치즘을 수용하고 지지한 대중들의 심리를 분석하고, 나아가 사회심리학적 시각으로 현대인들의 소외의 양상을 고찰하고 근대적 세계 속에서 인간이 참다운 자기를 실현해가는 길을 찾고자 했다.

231 극단적인 개인적 나르시시즘은 모든 사회생활에 심한 장애물이 된다. 그렇다면 나르시시즘은 생존을 방해하

는 요소이다. 개인은 집단 속에 편입될 때만 생존할 수
있기 때문이다.

Extreme narcissism of individual becomes severe obstacle for
every social life. So, narcissism is a factor that hinders survival.
Because individuals can only survive when they are member
of community.

232 신이 되려고 애를 쓰면 쓸수록 그는 인류로부터 고립된
다. 이러한 고립은 그를 더욱 무서움에 떨게 만들고, 모든
사람이 그의 적이 되며, 그 결과 발생되는 공포를 견디기
위해 그는 끊임없이 권력과 잔인성과 자아도취를 증가시
키지 않을 수 없다.

The more he tries to be God, the more isolated he is from
mankind. This isolation makes him more scared and everyone
becomes his enemy. To handle consequential fear, he can't
help but increase power, cruelty and narcissism constantly.

233 자연은 사람으로 하여금 생존에 필요한 일을 할 수 있도
록 하기 위해 자기애를 부여했다. 하지만 극단적인 자기
애는 생존을 어렵게 만든다.

Nature has given humans narcissism to do things they need to
survive. But malignant narcissism makes survival difficult.

234 지도자들의 광기야말로 그들을 성공시킨 요인이다. 그들은 확신을 갖고 보통 사람들이라면 후회할 일에도 아무런 회의를 느끼지 않았다.

The madness of leaders is what made them successful. They have confidence to feel no skepticism at all about what ordinary people would have regretted.

235 스스로 완전히 타인이었던 사람만이 타인을 진정으로 이해할 수 있다. 타인이 된다는 것은 전 세계가 내 집이 된다는 것이기도 하다.

One can really understand the stranger only if one has been thoroughly a stranger, and being a stranger means one is at home in the whole world.

236 어머니 같은 사람이나 어머니와 동일한 것들, 혈연, 가족, 종족에 결합되어 있으려는 경향은 모든 사람에게 주어지는 고유한 특성이다.

The tendency that tries to be connected to a person like a mother or what is same as a mother such as blood tie, family, and specie is intrinsic nature for every person.

237 잘못된 길을 걸으면 걸을수록 자신들이 잘못된 길로 가

고 있다는 것을 인정하기 더욱 어려워진다. 그것은 처음
으로 되돌아가야 한다는 것과 자신이 정력과 시간을 낭
비해왔다는 사실을 인정하기 싫기 때문이다.

The more one walks the wrong way, the harder it becomes to
admit that one is going the wrong way. Because one doesn't
want to admit that one has wasted energy and time.

238 사람은 삶을 창조하지 못하면 파괴하지 않을 수 없기 때
문에 모든 사람들은 파괴적이고 가학적인 폭력에 대한
잠재력을 갖고 있다.

All humans have a potential for destructive and sadistic
violence because humans must try to destroy life if they
cannot create it.

239 사람은 정상적인 발달을 거쳐 성장에 대한 욕망이 생기
면 악에서 멀어진다. 어둠으로 돌아가려는 퇴행의 과정
이 곧 악이다.

Humans keep away from evil when desire for growth arises
through normal development stage. Evil is the process of
returning back to the darkness.

240 가장 정상적인 사람들이야말로 가장 병들어 있는 사람

들이다. 또한 병들어 있는 사람들은 가장 건강한 사람들이다. 말장난이나 지나친 표현이라고 생각할 수도 있지만, 나는 이 말을 진지하게 하고 있으며 재미있자고 하는 것이 아니다.

The most normal people are the sickest people. And the sickest people are the healthiest people. You may think of this as a joke or overstatement, but I am saying this seriously and this is not for fun.

세상에 무조건 나쁘거나 무조건 선한 사람은 없다. 나치즘과 같이 대량 학살을 주도한 전체주의에 가담한 사람도 개인과 개인으로 따로 만나면 선량한 이웃 주민이었을 것이다. 프롬의 이론은 오늘날 현대인들이 인구가 밀집된 도시에서 어떻게 익명성을 획득하고, 그 익명성에서 어떤 소외감을 갖게 되는지 주목하게 되는 심리학에 많은 영향을 미쳤다.

인간의 본성은 입체적인 것이다. 때로는 순한 양이 되고, 때로는 늑대가 되는 것이 바로 인간이다. 그리고 인간의 행동을 순한 양과 포악한 늑대로 분리해서 생각하는 것 또한 단순한 이데올로기에 불과하다. 우리는 프롬의 말처럼 병들어 있는 사람들일 수 있다. 그렇다면 어떻게 치유해야 할까? 이제는 스스로의 본성을 있는 그대로 받아들여야 하는 것이 아닐까?

2-6

〈미움받을 용기〉가
베스트셀러인 이유

– 알프레드 아들러 –
Alfred Adler, 1870~1937

당신이 완벽하다고 평가했던 사람들도 사실은 남모를 열등감으로 괴로워하거나, 자신의 뜻대로 되지 않는 인생을 원망해 본 적이 있지 않을까? 사람들은 부족한 것 없이 늘 풍요롭고 문제없는 인생을 바란다. 그러기 위해 열심히 일하고 문제가 생기면 어떻게든 해결해 나간다. 그 과정이 순탄치만은 않아서 스트레스를 받고 고통스러워하기도 하고, 잘사는 사람을 보면 부러워하다 못해 미워하기까지 한다.

하지만 세상에 완벽한 인생은 없다. 항상 부족함이 있고, 항상 문제가 있는 것이 인생이다. 이에 대해 전문적인 자기계발의 심리학자인 알프레드 아들러는 베스트셀러 도서인 〈미움받을 용기〉의 바탕이 되는 개인심리학을 연구했다. 그는 열등감으로 고통 받는 사람들에게 자기 자신을 그대로 수용하라는 피드백을 주고, 부모들에게 아이들을 어떻게 양육하는지, 기성세대에게 새로운 세대를 어떻게 받아들여야 하는지 설파한 심리학자이다.

241 우리의 인생은 우리가 무엇을 부족하다고 여기는지에 따라 달라진다.

Our life depends on what we consider we are lack of.

242 열등하고 부족하고 불안한 느낌은 개인의 존재 목적에 결정적 영향을 미친다.

A feeling of inferiority, inadequacy, and uneasiness has a decisive effect on the purpose of existence of an individual.

243 자만한 사람들의 공통된 특징은 그들이 결코 이룰 수 없는 목표를 만들어낸다는 것이다. 그들은 세상 어느 누구보다 중요하고 성공적인 사람이 되고자 하는데, 이러한 목표는 직접적으로 그들의 부족감에서 비롯된 것이다.

Common feature of arrogant people is they set goals that they will never be able to achieve. They tries to be the most important and successful person than anyone else in the world, and this goal is directly from their feelings of insufficiency.

244 모든 아이들은 교실 밖에서 자신의 체험을 스스로 평가

하며 개인적 발전을 이룬다.

All children make personal progress by making self evaluation of their own experiences outside the classroom.

245 오늘날 인간 본성에 관한 과학은 연금술 시대에 화학이 차지했던 것과 같은 위치를 차지하고 있다.

The science of human nature finds itself today in the condition that chemistry occupied in the days of alchemy.

246 수많은 재능과 능력은 결핍감에서 비롯된다.

Numerous talents and abilities comes from a sense of deficiency.

247 힘을 지나치게 갈구하는 인간은 스스로를 자기 파멸로 이끌게 마련이다.

A person who craves too much power leads oneself to self-destruction.

248 일반적으로 주어진 '인생의 의미'라는 것은 없다. '인생의 의미'는 스스로가 자기 자신에게 부여하는 것이다.

There is no 'meaning of life' that is commonly given, 'meaning of life' is what one gives oneself personally.

249 다른 사람의 시선을 신경 쓰며 어떤 일에 대해 '가능성'
이라는 여지를 남겨두려 하지 마라. 그렇게 되면 평생 그
일을 미루게 될 것이다.

Don't mind other people's eyes to leave room for 'possibility'
on something. Then you will put the thing off for the rest of
your life.

250 아이들이 손을 무릎 위에 가지런히 얹고 조용히 앉아 있
어야만 하는 학교는 이제 존재하지 않는다.

There is no longer a school in which children have to sit quietly
with their hands neatly on their knees.

프로이트, 융과 함께 심리학의 3대 거장으로 일컬어지는
아들러는 오스트리아 출신의 정신의학자이자 심리학자로서
'자기계발의 원류', '자기계발의 아버지'로 일컬어진다. 그는 '트
라우마는 없다.'고 말하며 프로이트의 원인론을 정면으로 부정
했다. 그에 따르면 사람은 과거에 있었던 어떤 사건 때문에 현
재의 괴로움에 시달리는 것이 아니다. 원인론을 맹신하며 사는
한, 우리는 타인이 건네는 알량한 위로에 기대어 한 발짝도 바
뀔 수 없다는 것이다.

그 대신 아들러는 인간은 언제든지 '변할 수 있는 존재'라

고 말한다. 그는 우리가 변화하기 위해서는 단지 있는 그대로
의 나를 받아들이는 용기, 인생에서 마주하게 되는 여러 가지
문제들을 직시하는 용기가 필요할 뿐이라고 전한다. 그래서 사
람들은 아들러를 가리켜 '용기의 심리학자'라고 부르기도 한다.

251 과거는 바꿀 수 없지만 미래라면 얼마든지 바꿀 수 있다.
외적인 원인은 바꿀 수 없지만 목적은 마음먹기에 따라
바꿀 수 있다.

You can't change the past, but you can change the future as
much as you want. You can't change the external causes, but
you can change your goal depending on your mind.

252 성공은 자신이 하고 있는 일을 다른 사람들과 비교하는
데 시간을 낭비하지 않는 사람에게 찾아온다.

Success comes to people who don't waste their time com-
paring what they are doing with other people.

253 누군가에게 신뢰를 주는 사람이 되려면 먼저 자신을 신
뢰할 수 있어야 한다. 그렇기 때문에 우리는 먼저 마음속
에 있는 열등감을 인정하고 받아들이며, 스스로의 가치
를 높이기 위해 노력해야 한다.

To be a person who gives trust to others, you must be able to trust yourself first. So we must acknowledge and accept the inferiority in our minds first, and then try to enhance our own value.

254 중요한 것은 무엇이 주어졌는지가 아니라 주어진 것을 어떻게 사용하는가이다.

The important thing is not what is given, but how you use it.

255 인생이 힘든 게 아니라 당신이 인생을 힘들게 만드는 것이다.

It is not that life is hard, but you are making it hard.

256 세상에 정상적인 사람이 있다면 그건 당신이 잘 모르는 사람일 뿐이다.

The only normal people are the ones you don't know very well.

257 의외로 사람들은 삶에 주어진 많은 질문 중 유독 사랑에 대해서만큼은 준비와 훈련이 되어 있지 않았다.

Unexpectedly, people were not ready and trained to questions especially about love among others given in life.

258 인류에게 있어 죽음은 축복이다. 죽음이 없으면 진정한 발전도 없다. 만약 우리가 영원한 삶을 살게 된다면 젊은 이들의 노력과 성과를 인정하지 않고 그들의 의욕을 꺾을 뿐만 아니라 창조적으로 살려는 자극조차 받지 못하게 될 것이다.

To humanity, death is blessing. There can't be true development without death. If we live eternally, we will not recognize the efforts and achievements of young people and not only discourage them, but will not be able to be motivated to live creative life.

259 중요한 일을 하는 사람은 자신이 중요하지 않은 사람으로 취급받는 것을 두려워하지 않는다.

People who do important work are not afraid to be treated as unimportant.

260 단 한 사람이라도 나의 메시지를 이해하고 그것을 다른 사람에게 전해 줄 수 있다면 그것으로 나는 만족한다.

I will be satisfied if just only one person could understand my message and deliver it to other people.

아들러의 심리학에는 모든 인간이 늘 목적을 위해 노력한다는 전제가 깔려 있다. 아들러에 따르면 인간의 정신은 고정돼 있지 않으며, 이기적이거나 공동체적인 의도에 자극받아 목적을 향해 끊임없이 움직인다. 인간은 현재와 미래에 대한 '상상'으로 살아간다. 이것이 늘 현실과 맞아떨어지진 않지만, 이 상상력은 인간이 열정적으로 살고 늘 어딘가로 움직이도록 만드는 원동력이다.

아들러는 "인간에게 가장 힘든 일은 자신을 알고 자신을 변화시키는 일"이라고 말한다. 또한 그런 일이 인간의 발전에 있어 필수적이라는 의견 또한 덧붙였다. 그래서 인간은 공동체의 집단 지식에 기대어 균형을 이루려는 욕망을 가지는 것이다. 아들러의 심리학은 우리로 하여금 '발전할 용기'를 불어넣어준다.

스스로의 욕구에
충실하라

– 에이브러햄 매슬로우 –
Harold Maslow, 1908~1970

　시간은 길지만 한정되어 있다. 꼭 해야 할 일은 해야 한다는 의미이다. 하지만 해야 할 일만 한다면 시간의 노예가 되기 쉽다. 일은 많이 하는데도 늘 시간은 부족하다. 기한이 정해진 일도 많아 임박해서 몰아치기로 할 때도 있다. 이렇게 시간을 보내면 전혀 행복하지 않고, 많은 것을 해내도 공허감만 남게 된다. 의미도 재미도 없는 일들일 수 있기 때문이다. 시간을 효과적으로 사용한다고 생산적인 일만 한다면 우리 몸은 비생산적으로 변해갈 수 있다.

　행복하려면 행복한 시간을 많이 가져야 한다. 재미있는 활동을 하고, 가족이나 친구들과 시간을 보내야 하며, 때로는 아무 것도 하지 않는 시간도 필요하다. 제때 자신에게 필요한 에너지를 채우기 위해서는 스스로가 무엇을 원하는지 그때그때 파악해야 할 필요가 있다. 이를 연구한 심리학자로는 에이브러햄 매슬로우가 있는데, 그는 유명한 '욕구 단계설'을 이론적으로 설명했다.

261 소속감, 친교, 결사와 같은 공동사회의 욕구는 그 자체로
기본적 욕구이다. 고독과 고립, 추방 및 집단으로부터의
배제 등은 역시 고통일 뿐 아니라 병적 현상이다.

The desire for a communal society, such as sense of belonging,
friendship, and association, is in itself a basic desire. Solitude,
isolation, deportation and exclusion from the group are not
only painful but also pathological phenomena.

262 사람은 생리적 욕구, 안전 욕구, 사랑과 소속의 욕구, 존경
의 욕구, 자아실현 욕구를 가진다.

People have physiological needs, safety needs, belongingness
and love needs, esteem needs, and self-actualization needs.

263 사람이 가지는 모든 욕구와 요구는 '동기'가 된다.

All desire and needs humans have become 'motivation'.

264 사람들은 욕망이나 충동을 골칫거리 또는 위협이라고 생
각한다. 따라서 그들은 그것을 제거하고자 하며, 부인하
거나 회피하려고 한다.

People consider needs or impulses as nuisances or threats.

Thus they try to remove, deny or avoid them.

265 인간은 자신의 욕구들을 수용하고 즐겨야 한다. 그 욕구들은 의식 속에 기꺼이 받아들여질 수 있다.

People should embrace and enjoy their needs. The needs can be readily accepted into consciousness.

266 계획성과 미래에 대한 전망은 삶의 중심적 본질이거나 건전한 인간 본질이다. 자아실현의 욕구와 꿈에 대한 희망을 버린다면 아이에서 어른으로 성장할 수 없다.

Planning and prospects for the future are either the central nature of life or the sound human nature. If you abandon your self-actualization needs and hope for dreams, you cannot grow into an adult from a child.

267 심리학을 연구하려면 병든 사람만이 아니라 건강한 사람까지 연구해야 한다.

Psychoanalysis is focused too much on "the sick half of psychology" and not enough on "the healthy half".

268 결핍이 충족되지 않아도 사람은 꿈을 꿀 수 있다. 하지만 충분히 사랑받은 사람이 더 많은 사랑을 줄 수 있는 것

처럼 결핍이 충족된 사람은 어려움 없이 더 큰 꿈을 꿀
가능성이 높아진다.

Even if deficiency is not satisfied, one can still dream. But just
as a person loved enough can give more love, a person whose
deficiency has been filled is more likely to have a bigger dream
without difficulty.

269 하위욕구가 충족되지 못하면 그것은 상위욕구의 정상적
발달에 걸림돌이 된다.

If needs in lower level are deficit, it hinders the normal
development of needs in higher level.

270 인간은 성장하는 동물이다. 배고픔과 갈증을 채우는 것
에 만족하지 않고, 꿈을 꾸는 것이 인간이다.

A human is a developing animal. An animal that is not
satisfied to only be content in thirst and hunger and keeps
dreaming is a human.

매슬로우에 따르면 인간의 행동은 기본적 욕구에 따라 동
기화된다. 이러한 욕구들은 행동을 실행하게 하는 데 두 가지
원칙이 있는데, 첫째는 욕구가 충족되면 더 이상 행위하지 않
는다이고, 둘째는 욕구는 위계를 가지고 있다는 것이다.

동기화 이론에 따른 욕구위계 이론은 인간의 동기를 다섯 단계로 나누고, 가장 기초적으로는 생리적 욕구, 그다음에는 안정의 욕구, 그다음에는 사랑 및 소속의 욕구, 그다음에는 존중의 욕구, 마지막으로는 자기실현의 욕구 순으로 되어 있다. 이 욕구위계는 순서대로 일어나며, 모든 사람이 이와 같은 발달과정을 거치면서 가장 높은 단계까지 가는 것은 아니다. 우리는 자아실현의 욕구를 갖고 있고, 그것을 위해 기꺼이 생리적인 욕구를 희생할 수 있다는 흥미로운 결과도 있었다.

271 사람은 걸음마를 하는 아기처럼 외부세계에 대한 탐험을 경험하다가도 어머니의 품처럼 안정감을 회복할 수 있는 곳이 있어야 더 크게 성장할 수 있다.

Like a toddler, people can make a bigger development only when they have a place like mother's arms to regain stability while they are experiencing exploration of the outside world.

272 안전의 욕구는 성장의 욕구에 앞선다. 일반적으로 안전하다고 느끼는 아동만이 건강한 성장을 향하여 용감하게 행동한다.

Safety needs are ahead of growth needs. Generally only children who feel safe act bravely toward healthy growth.

273 안전과 성장은 불안과 기쁨을 동시에 가지고 있다. 우리
는 성장의 기쁨과 안전에 대한 염려가 성장에 대한 불안
과 안전의 기쁨보다도 더 클 때 성장한다.

Safety and growth have anxiety and joy at the same time. We
grow up when the joy of growth and the concern for safety are
larger than the anxiety about growth and the joy of safety.

274 사람들을 성장하게 하려면 무엇보다도 그들에게 육체적,
사회적 생존부터 보장해야 한다. 사회안전망이 미비한 사
회는 사회구성원들의 성장을 억누른다.

To make people grow, we must guarantee physical and social
survival first. A society without social safety network retains
the growth of its members.

275 지식은 앞으로 성장하게 하는 기능뿐만 아니라 걱정을
없애고 보호적인 항상성 기능을 가지게 한다. 따라서 무
지는 두려움이나 위험의 원천이다.

Knowledge not only functions to make one grow to next level
but also to eliminate anxiety and to have protective constancy
function. Therefore ignorance is a source of fear or danger.

276 아는 것을 두려워하는 경향은 실천에 대한 공포, 지식

으로부터 파생되는 경과의 공포, 위험한 책임의 공포가
있다.

In the tendencies to fear what we know, there are fear of
practice, fear of progress derived from knowledge, and fear of
dangerous responsibilities.

277 누군가를 개인으로서가 아니라 웨이터로서, 경찰관으로
서, 혹은 '부인'과 같은 존재로 이름을 붙여버린다는 것
은 때때로 잘못된 것이 된다.

Sometimes, it is wrong to name someone as a waiter, a police
officer, or a 'wife' rather than as a person.

278 우리 모두는 서로에게 완전성으로, 풍부함으로 그리고
복합된 존재로 인정받기를 원한다.

We all want to be recognized as completeness, affluence, and
complex beings to each other.

279 치료를 하는 상황에서 우리는 사랑과 이해, 수용과 용서
하는 방법에 의해 일반적으로 우리가 두려워하고 미워
하는 사람들과 친숙해질 수 있다.

In the therapeutic situation, we can become familiar with the
people we generally fear and hate through methods of love,

understanding, acceptance, and forgiveness.

280 모든 전체적 인간, 모든 회화 그림, 모든 꽃들은 한 부류의 유일무이한 성원이 되며 개별적으로 지각되어야 한다.

All human beings as a whole, all paintings, and all flowers are unique support of one kind and should be recognized individually.

매슬로우의 인본주의 심리학은 인간을 '환경에 반응하여' 움직이는 기계로 보거나, 잠재의식에 질질 끌려 다니는 존재로 보는 것을 거부했다. 매슬로우는 인간이 다시금 '인간'의 본성으로 돌아가 창의적이고 자유로운 의지로 잠재력을 실현해야 한다고 주장했다. 그가 건강하고 창의적이며 온전한 자아실현을 이룬 사람들을 연구한 진짜 의도는 무엇이었을까?

매슬로우는 "인류에 대한 다른 시각을 얻을 수 있기 때문"이라고 설명했다. 실제로 그의 연구는 인간에 대한 희망을 느끼게 해 주고, 발전 가능성에 주목하게 해 주었다. 지금 와서는 당연해 보이는 것이 당시에는 매우 혁신이었다는 점은 바로 그때보다 지금이 더 발전했다는 뜻이 아니겠는가.

PART 3

그 사람들은
왜 그랬을까?

개인과 집단은 다르다, 사회심리학

인간관계가 하나도 없다면 고민이 없을까요? 고민이 없을지는 몰라도 삶의 즐거움과 행복은 느낄 수 없을 것입니다. 홀로 수행(修行)을 하는 사람이라면 모를까, 사람은 혼자서 살기 어렵습니다. 대부분의 사람들이 태어나면서부터 가족이라는 인간관계를 가집니다. 하지만 가정생활을 벗어나 새로운 인간관계를 맺기 위해서는 용기와 노력이 필요합니다.

다른 사람을 만난다는 것은 낯선 세계와 처음 접하는 것과도 같습니다. 당연히 두려움이 앞서고 용기를 내어도 관계형성에 반드시 성공한다는 보장도 없습니다. 하지만 이 모든 것을 극복해야 진정한 삶을 살 수 있기에 물러설 수 없습니다.

복종이 없으면
독재도 없다

- 스탠리 밀그램 -
Stanley Milgram, 1933~1984

왜 사람들은 리더가 되기를 원할까? 그것은 리더의 자리에 서지 않는다면 다른 사람을 모방할 가능성이 커지기 때문이다. 성공한 사람은 자신의 재능을 발견하고 키워서 자신만의 인생을 산 사람이다. 세상과 타협하고 다른 사람을 그대로 본 따 성공을 이루었다면 그것은 진정한 성공이 아니다.

하지만 리더도 좋은 리더와 나쁜 리더가 있다. 좋은 리더는 '함께' 살아가는 것을 독려하며 자신도 기꺼이 희생을 감내하지만, 나쁜 리더는 희생을 강요하고 복종을 요구하기만 한다. 그런데 이상하게도 사람들은 부당한 요구에 순순히 복종하고는 한다. 권력에 순응하지 않는 사람은 생각보다 적다. 그것을 심리학적으로 연구하여 실험 결과로 입증한 심리학자가 있다. 바로 유명한 '권위에 대한 복종 실험(obedience to authority)' 혹은 '밀그램 실험(Milgram experiment)'이라고 불리는 실험을 진행한 스탠리 밀그램이다.

281 권위에 복종하는 인간의 본성을 이해하면, 양심에 반하는 명령을 맹목적으로 따르는 경우를 줄일 수 있다.

By understanding the human nature of obeying authority, blind obedience to orders against conscience can be reduced.

282 죽음의 수용소와 가스실이 세워지고, 그곳에서 마치 제품을 생산하듯 날마다 일률적으로 시체가 쏟아져 나왔다. 이러한 비인간적인 정책은 한 사람의 머리에서 나왔겠지만, 많은 사람이 그 명령에 복종했기 때문에 시행될 수 있었다.

Death camps and gas chambers were built, and dead bodies were poured out every day, uniformly as if they were producing products. This inhumane policy came out from one person's head, but it could be implemented because many people obeyed the order.

283 사람들은 화를 낸다. 하지만 이곳에서는 다르다. 훨씬 더 위험한 무언가가 드러난다. 각자의 인간성을 포기할 수 있는 능력이 생기는 것이다.

People get angry. But that works differently in here. Something much more dangerous reveals. They gain capacity to give up their humanity.

284 독재 정치 속에서, 저마다의 독특한 개성은 커다란 제도
적 구조 속에 녹아버린 듯하다.

In autocracy, it seems that each individual's unique personality
has merged into larger institutional structures.

285 특정한 권위를 지닌 자가 지속적으로 가혹행위를 지시하
고, 그것이 가장 옳은 일이라는 확신을 심어주게 되면 그
행위의 결과가 사망에 이르는 끔찍한 일이라 할지라도
사람들은 지시에 복종하는 경향이 있다.

When a person with certain authority constantly directs cruel
treatments to people and gives them the conviction that this
is the most right thing to do, people tend to obey instructions
even if the consequence of the act is horrific as death.

286 군사훈련의 표면상 목적은 군사기술 보충이지만, 근본적
목적은 인간의 개성과 이기심을 하나도 남김없이 없애버
리는 것이다.

The ostensible purpose of military training is to supplement
military technology, but the fundamental purpose is to
eliminate all human individuality and selfishness.

287 많은 사람들이 내면 소외의 과정에 사로잡힌 채 마음 속

깊은 곳에 갇혀 있다.

Many people are trapped deep inside their minds, caught in the process of inner alienation.

288 그 결과 문화적으로 인정된 '정상적인' 행동, 하지만 동시에 자기 자신을 속이는 행동이 생겨난다.

Consequently, culturally 'normal' but also self-deceiving behaviors occur.

289 용기와 관심, 열린 생각이야 말로 복종을 물리칠 수 있는 힘이다.

Courage, attention, and open-thinking are the power to defeat obedience.

290 사람들이 독재자에게 저항하지 않더라도, 단지 견뎌내기를 멈추기만 해도, 독재자는 더 이상 그들에게 어떠한 해악도 끼치지 못할 것이다.

Even if people don't resist the dictator, just stop enduring him will make the dictator to stop doing any harm to them.

밀그램은 정치학을 전공했으나, 심리학에 관심을 갖고 하버드 대학 심리학 박사과정에 입문하고자 여름학기 심리학 과정을 이수했다. 그리고 저명한 심리학자 고든 올포트의 지도 아래 규율에 순종하는 인간의 특성에 관한 논문으로 박사 학위를 받았다. 그 후 프린스턴 대학에서 솔로몬 애쉬와 함께 '사회적 동조성(social conformity)'과 관련된 여러 가지 실험을 했다.

밀그램은 대중교통을 이용하는 사람들이 자리를 양보하는 이유와 세상의 모든 사람이 여섯 사람만 거치면 모두 연관을 맺고 있다는 '6단계 분리 이론', 인간의 공격성과 비언어적 의사소통 등 여러 분야를 연구했다. 그가 실행했던 실험 내용은 교사가 학생에게 문제를 내고, 틀릴 때마다 전기충격을 주는 것으로 진행된다. 물론 전기충격은 가짜이고, 학생 역할을 맡은 사람은 전기충격을 받는 연기를 했는데, 놀랍게도 많은 비율의 사람이 명령에 따라 생명에 위협을 줄 만한 전기충격 버튼까지 눌렀다는 것이 실험의 결과였다.

291 책임감의 실종은 권위에 대한 복종의 가장 흔한 결과이다.

The disappearance of a sense of responsibility is the most far-reaching consequence of submission to authority.

292 검은 배경에 흰색 전구는 그저 눈에 띌 수밖에 없다. 그게 이상한 거다. 원래 검은 것이 정상이다. 이런 식의 세

뇌가 집단주의를 만든다.

A white light bulb in the black background is just noticeable. It is a weird thing. A black one is normal originally. This type of brainwashing creates collectivism.

293 민주주의 사회에서 아무리 정의로운 시민들이 만들어졌다 해도 만일 옳지 않은 권위의 지배를 받게 된다면 그들 또한 인간의 야만성과 비인간적 태도에서 자유로울 수 없다.

No matter how just citizens are created in a democratic society, they cannot be free from human barbarism and inhuman attitudes if they are governed by wrong authority.

294 언어가 자유롭지 못하면 생각이 굳고, 생각이 굳으면 용기가 없어진다. 권위에 순응하면 결국 노예의 길로 접어든다.

Without free language, one's thoughts hardens, and when one's thoughts hardens, one loses courage. If you conform to authority, you will end up in slavery.

295 오랫동안 미덕으로 추앙받아온 권위에 대한 복종이 해로운 목적에 기여할 때 새로운 측면들을 떠안게 된다. 즉,

미덕은커녕 사악한 죄악으로 바뀐다.

Obedience to authority, long praised as a virtue, takes on
a new aspect when it serves a malevolent cause; far from
appearing as a virtue, it is transformed into a heinous sin.

296 권위구조는 문명사회든 원시사회든 상관없이 모든 사회
에 필수적으로 존재하지만, 현대 사회의 또 다른 특징은
사람들에게 비인격적인 권위에 따르도록 가르친다는 것
이다.

The structure of authority is essential to all societies, whether
civilized or primitive, but another characteristic of modern
society is that it teaches people to follow impersonal authority.

297 심리학적 관점에서 볼 때 권위자는 사람들이 주어진 상
황에서 사회를 통제하는 위치에 있어야 한다고 생각하
는 사람을 의미한다.

From a psychological point of view, an authority means a
person who thinks people should be in a position to control
society in a given situation.

298 불복종은 실험자의 특정 명령을 수행하지 않겠다고 거
부하는 것뿐만 아니라, 피험자와 권위자의 관계를 재구

성한다는 것을 의미한다.

Disobedience not only means refusing to carry out certain orders from the experimenter, but also means reconstructing the relationship between the subject and the authority.

299 내적인 의심, 의심의 외적 표현, 이의제기, 위협, 그리고 불복종에 이르는 일련의 과정은 오직 소수만이 해낼 수 있는 어려운 길이다.

Inner doubt, externalization of doubt, dissent, threat, and disobedience: It's a difficult path, which only a minority of subjects are able to pursue to its conclusion.

300 개인은 집단 없이는 강력한 권위를 가질 수 없다.

An individual cannot have powerful authority without a group.

밀그램의 실험은 상당 기간 논쟁을 일으켰다. 정상적인 인간이 이렇게 행동했다는 사실을 아예 받아들이지 않으려는 사람도 많았다. 많은 과학자가 이 실험의 형식상 허점을 찾아내려고 애썼다. 하지만 세계 곳곳에서 진행된 다른 실험에서도 결과는 마찬가지였다고 한다. 우리는 권력에 복종하는 동물이다. 그래서 독재자가 생기는 법이다.

독재자는 혼자서의 힘으로는 사람들을 탄압하고, 제압하고, 명령할 수 없다. 그를 추종하는 추종자들이 있어야 가능한 것이다. 그렇게 세력을 늘려 가면 결국 사람들을 세뇌하고, 학살까지 죄책감 없이 명령하는 사람이 생기는 것이다. 민주 사회에서 민주 시민으로 살아가려면, 부당한 명령에 불복종하고 스스로 생각하고, 최종적으로는 스스로의 인생을 살아가야 한다.

그들은 왜
사이비에 빠졌을까?

- 에릭 호퍼 -
Eric Hoffer, 1902~1983

주변에 사이비 종교에 빠졌거나 개종을 했거나, 아니면 정치운동에 뛰어들어 자신의 정체성을 상실할 만큼 푹 빠져버린 사람이 있는가? 미국의 사회철학자이자 심리학자인 에릭 호퍼는 그들이 왜 그렇게 되었는지 설명하는 저서 〈맹신자들(The True Believer)〉로 이름을 알렸다. 그의 책은 인간의 마음을 움직이는 집단 활동의 힘을 고찰하고, 정신적 갈증을 느낀 사람이 과거의 자아를 벗어던지고 더 위대하고 숭고해 보이는 무언가를 추종하는 과정을 면밀히 추적한다.

삶에 무료함을 느끼고 무가치함을 느끼던 사람이 새로운 종교에 빠져드는 것만큼 무서운 것은 없다. 그것은 더 나아가 테러리스트와 자살폭탄자들에게도 적용되는 원리이다. 무언가를 '맹신'하기 시작하면, 우리는 이성적인 사고가 불가능한 정도의 상태에 빠져버린다.

301 어떤 물은 아주 깊어서 그 속을 알기 어렵고, 어떤 물은 탁해서 그 속을 알지 못한다. 언어도 그러하다. 맹신자의 언어는 문맹 같은 분위기를 풍긴다.

Some water is too deep and some is too muddy to see under. Language is the same. There is an illiterate air about the most literate true believer.

302 절대 권력은 선의의 목적으로 행사될 때에도 부패한다. 백성들의 목자를 자처하는 자비로운 군주는 그럼에도 백성들에게 양과 같은 복종을 요구한다.

Absolute power corrupts even when exercised for humane purposes. The benevolent despot who sees himself as a shepherd of the people still demands from others the submissiveness of sheep.

303 언어는 질문을 하기 위해 창안되었다. 사회적 정체는 답이 없어서가 아니라 질문을 할 충동이 없는 데에서 비롯된다.

Language was invented to ask questions. Social stagnation results not from a lack of answers but from the absence of the impulse to ask questions.

304 질문을 하지 않는 사람들이 모여 있는 곳은 고여서 썩기 마련이다.

Where people who don't ask questions are gathered will be stagnated.

305 증오가 정당한 불평보다는 자기 경멸에서 솟아난다는 것은 증오와 죄의식의 밀접한 관계에서 드러난다. 사람은 자기 경멸을 쉽게 남에게 투영하여 생각한다.

That hatred springs more from self-contempt than from a legitimate grievance is seen in the intimate connection between hatred and a guilty conscience. People easily projects their self-contempt upon others.

306 사람도 생에 대한 두려움과 이 세상에서 영원한 이방인 이라는 느낌 때문에 종족이나 민족으로 무리를 짓는 것 이리라.

People make groups by species or races probably because of fear toward life and feeling that they will be strangers in this world forever.

307 우리는 주로 자신이 우위에 설 희망이 없는 문제에서 평 등을 주장한다.

We mostly advocate equality in matters where there is no hope for dominant position for us.

308 우리는 어떤 인종이나 국가, 혹은 어떤 특정 집단을 평가할 때면 그곳의 가장 밑바닥 사람들을 척도로 삼는 경향이 있다.

There is a tendency to judge a race, a nation or any distinct group by its least worthy members.

309 성숙한 이는 자신의 귀보다는 눈을 더 신뢰한다.

A mature person trusts his eyes more than his ears.

310 교육의 주요 역할은 배우려는 의욕과 능력을 몸에 심어주는 데 있다. '배운 인간'이 아닌 계속 배워 나가는 인간을 배출해야 하는 것이다.

The main role of education is to instill the desire and ability to learn into the body. We should produce people who will continue to learn, rather than "learned people".

사람들이 어떤 조직에 들어갈 때는 그 안에서 자기 발전이나 이익을 얻으려는 이기적인 이유가 있다. 그러나 혁명적인 대중운동에 참여하는 사람은 '원치 않는 자아를 버리기 위해' 그렇게 한다. 현재 자기 모습이 마음에 들지 않더라도 문제가 되지 않기 때문이다. 개인의 자아는 대중운동의 '성스러운 대의'에 밀려 의미를 갖지 못한다. 자존감이 낮은 사람이 종교에 빠질 가능성이 크다는 것이다.

호퍼의 깊은 통찰은 우리가 이해할 수 없는, 혹은 이해할 수 없다고 믿고 있는 사람들의 심리를 파악하게 해 준다. 자존감이 낮은 사람들, 원하는 집단에 소속되지 못하고 겉돌던 사람들이 자신을 받아주는 단체에 엄청난 소속감을 갖게 되는 것이다. 그것이 사이비이든 좋은 결과를 위한 시민운동이든 그 사람이 개인으로서의 의지를 포기했다는 점은 같다고 볼 수 있다.

311 희망 없는 상황에서 용기가 힘을 발휘할 수 있게 해 줄 때 인간은 최고조에 달할 수 있다.

People can reach their climax when courage allows them to exert their power in hopeless situations.

312 저항하는 지식인이 아무리 자신은 짓밟히고 상처 입은 자들을 위해 싸우는 것이라고 믿어도, 그를 살아 움직이게 하는 분노는 거의 예외 없이 자신의 사적인 감정이다.

No matter how much the resisting intellectuals believe that

they are fighting for the trampled and the wounded, the anger that makes them alive is personal feelings of their own almost without exception.

313 광신자들은 어디에서 오는가? 대부분은 창조적이지 못한 지식층에서 나온다.

Where do fanatics come from? Mostly, they come from in-tellectual classes that are not creative.

314 지도자는 현실적이고 현실주의자여야 하지만, 그러면서도 몽상적인 이상주의자의 언어로 말해야 한다.

The leader has to be practical and a realist, yet must talk the language of the visionary and the idealist.

315 진짜 대중운동이 무서운 것은, 이 운동으로 인해 자기희생을 감행하게 되면 우리의 본성을 제한하고 억누르는 일련의 도덕의식도 함께 희생하게 된다는 점이다.

What is truly scary about the mass movement is that if we make self-sacrifice for this movement, we will also sacrifice a set of morals that limit and suppress our nature.

316 우리의 열의가 증오심, 잔혹성, 야망, 탐욕, 비방하기 좋

아하는 성향, 저항하는 성향을 촉진할 때 기적을 만들어낸다.

We create miracles when our eagerness promotes hatred, brutality, ambition, greed, a tendency to slander, and a tendency to resist.

317 단결과 자기희생 없이는 정상적으로 돌아가지 못하는 사회라면, 그곳의 일상은 종교화 아니면 군사화될 가능성이 높다.

If a society cannot be operated normally without unity and self-sacrifice, life in that society is likely to be religious or militarized.

318 자유란 일부에게는 하고 싶은 것을 할 수 있는 기회를 의미하지만, 대부분에게는 하고 싶지 않은 일을 하지 않는 것을 의미한다.

To some, freedom means the opportunity to do what they want to do; to most it means not to do what they do not want to do.

319 현재를 못 쓰게 만드는 것은 미래를 불구로 만드는 것이다.

To damage the present is to maim the future.

320 의미 있는 생활은 배우는 생활이다.

A meaningful life is a life of learning.

자기 주관이 뚜렷하지 않은 사람은 남의 의견에 휘둘릴 수 있다. 그것이 여러 사람의 의견이라면 한 가지 결정은 더욱 어렵다. 그렇게 되면 결정을 하지 못하고 일을 미루게 되는 결과를 낳거나 다른 이에게 동조하게 된다. 결과가 좋지 않을 경우에도 '울며 겨자 먹기.'로 그 사람을 따라가게 될 것이다.

종교를 가지든, 정치적인 신념을 갖고 운동을 하든 무엇을 하든 간에 자기 주관을 갖는 것은 매우 중요하다. 이리저리 끌려다니다 보면, 사이비에 빠진 신도들과 다름없는 자기 자신을 발견하게 되기 때문이다.

우리가 메뉴를 통일하는
진짜 이유

― 솔로몬 애쉬 ―
Solomon Eliot Asch, 1907~1996

식당에 갔을 때, 제일 먼저 메뉴를 고른 사람의 선택대로 흘러간 적이 있을 것이다. 사실은 다른 것을 먹고 싶어도 참은 적도 있었을 것이며, 먼저 선택한 사람의 직급이 더 높을 경우에 더 그런 경향이 생길 것이다. 또한 아이들이 모여 있는 곳에서 한 아이가 울면 다른 아이도 운다. 사람은 생각보다 주관이 없고, 상황의 영향을 크게 받는다.

이 사실을 지속적으로 연구한 심리학자가 바로 솔로몬 애쉬이다. 애쉬는 한 실험을 했는데, 간단히 말해 A가 정답인 질문을 받았을 때 세 사람 중 두 사람이 먼저 B를 선택하면, 나머지 한 명도 B를 선택하게 된다는 실험이었다. 이를 '동조(conformity) 현상'이라고 부른다. 또한 애쉬는 '초두(primary) 현상'이라는 심리 법칙도 발견했는데, 이는 사람의 첫인상이 전체적으로 많은 영향을 미친다는 현상이다.

321 인간은 타인과 터놓을 수 있는 신뢰 관계가 형성되면 행동이나 표정 등이 서로 닮아 가는데 이것을 반향이라고 한다.

When a trust relationship that can be opened to others is formed between people, their behaviors and facial expressions become similar to each other. This is called conformity.

322 어느 정도의 동조는 사회적으로 중요한 기능을 하는데, 사람들은 적응하려면 동조해야 한다는 강제성을 느낀다. 그래서 다수의 의견에 동의하는 척하거나 심지어는 스스로도 그렇다고 믿게 된다.

A certain degree of agreement functions important in society, so people feel forced to agree with others to adapt. Therefore they pretend to agree with the majority or even believe they really do.

323 우리 스스로는 과연 자율적인 존재인가?

Are we autonomous beings?

324 '동조 실험(conformity experiment)'에 따르면 사람들은 다수의 의견이 틀렸다 하더라도 거기에 자신의 의견을 맞추려는 경향을 보인다.

According to the 'conformity experiment', people tend to fit their opinions into majority even if they are wrong.

325 집단의 판단에 흔들리지 않고 자신의 의견을 고수하는 사람은 전체의 4분의 1 정도였다.

People remained unmoved by the group's judgment and stuck to their own opinions was about a quarter.

326 인간은 집단을 이루고 사는 '부족 성향(tribalism)'이 신체에 생리적으로 새겨져 있다.

Humans have the 'tribalism' physiologically to live in groups.

327 집단성향은 사회적 네트워킹에 대한 인간 본연의 갈증을 유발한다. 동시에 외로움을 고통스럽게 만든다. 타인의 존재가 우리를 잘못된 길로 인도하기도 하지만 타인의 부재는 더욱 험악한 길로 몰아넣을 수 있다.

Collective tendency causes human natural thirst for social networking. It also makes loneliness painful. The existence of others may lead us to the wrong path, but the absence of others can put us on the uglier path.

328 정보화시대를 살아가는 현대인에게 진실 여부와 무관하

게 SNS를 통해 전달되는 감정은 빠르게 확산되고, 이는 세계에 대한 이해를 왜곡하는 원인이 된다.

Regardless of whether it is true or not, the emotions delivered through SNS to modern people living in the information age spread rapidly, which causes distortion in understanding of the world.

329 동조란 실제로 혹은 상상 차원에서 발생한 집단의 압력으로 인해 개인이 집단이 기대하는 대로 생각이나 행동을 바꾸거나 자발적으로 따라 하는 현상을 말한다.

Conformity means the phenomenon in which an individual changes one's thoughts or actions or voluntarily imitates as expected by the group, either in practice or at the level of imagination.

330 동조현상을 통해 우리는 다른 사람 의견 또는 인생을 참고해 불확실함을 해소하고 삶을 살아가는 데 도움을 얻을 수 있다.

Through the conformity phenomenon, we can refer to other people's opinions or life to solve uncertainty and get help living in life.

애쉬는 폴란드에서 태어난 후에 미국으로 망명해 활약했던 심리학자이다. 그는 프린스턴 대학 등에서 가르쳤으며, 초두 효과(primary effect) 등 타인의 인상이 어떻게 형성되는지를 연구했다. 또한 인상 형성 외에 실험을 통해 동조를 실증함으로써 사회심리학을 발전시켰다.

애쉬가 연구한 동조행동은 다수결에 휩쓸리기 쉬운 인간의 특성을 나타내는 것으로, 그다지 환영받을 만한 것은 아니다. 그런데 동조에는 긍정적 동조도 있다. 인간은 타인과 터놓을 수 있는 신뢰 관계가 형성되면 행동이나 표정 등이 서로 닮아 가는데, 이것을 반향(reverberation)이라고 한다. 마치 거울을 보는 것처럼 닮았다는 의미에서 미러링(mirroring)이라 부르기도 하고, 일치시킨다는 뜻에서 동조(conformity) 경향이라 부르기도 한다. 자세반향은 사이 좋은 부부나 연인 사이에서 종종 볼 수 있다.

331 집단이 인식하는 여론과 자신의 생각이 불일치할 때, 타인을 존중한다는 전제하에 좀 더 건설적이고 소신 있게 반대 의견을 설명할 수 있어야 한다.

When the public opinion perceived by the group disagrees with one's thinking, one should be able to explain one's opposition more constructively with conviction on the premise of respecting others.

332 눈앞에서 이루어진 배신이 가장 아프다.

Betrayal happened in front of one's eyes hurts the most.

333 충분한 지적 능력과 판단 능력을 갖춘 젊은이들조차도 기꺼이 흰 것을 검다고 말할 수 있다는 것이 드러났다. 이는 우리의 교육 방식과 우리의 행위를 이끄는 가치관에 대해 의심을 갖게 할 수밖에 없다.

We have found that reasonably intelligent and well-meaning young people are willing to call white black is a matter of concern. It raises questions about our ways of education and about the values that guide our conduct.

334 인간의 마음은 거짓보다는 진실을 발견하기 위한 일종의 기관이다.

The human mind is an organ for the discovery of truths rather than of falsehoods.

335 사람들은 첫인상을 쉽게 잊지 못한다. 때문에 첫인상은 중요하다. 첫인상은 소통의 시작이다.

People can't first impressions easily. Thus first impressions are important. First impressions are the beginning of communication.

336 경험은 분리된 요소로 나눌 수 없다.

Experience cannot be divided into separate elements.

337 전체는 부분을 합친 것 이상의 의미를 지니고 있다.

The whole has more meaning than the sum of its parts.

338 인간의 자유의지는 과연 합당한 개념이라 여겨질 수 있는가?

Can free will of human be considered a reasonable concept?

339 실험 결과, 사람이 타인에 대한 인식을 바꾸는 데엔 오랜 시간이 든다. 따라서 좋은 첫인상이 좋은 관계를 만드는 초두가 될 수 있을 것이다.

Experiment shows that it takes a long time for a person to change one's perception of others. Therefore, a good first impression can be the beginning of a good relationship.

340 사회심리학은 어떻게 하면 사람들이 사회적 관계에서 더 행복해지는지, 그리고 영웅적 행동, 친절, 사랑의 출현을

촉진하는 요소가 무엇인지를 과학적으로 탐구하는 것이다.

Social psychology is a scientific study of how people become happier in social relationships, and what factors promote heroic acts, kindness and love.

우리는 모두 인생 자동차를 운전한다. 어디로 갈지를 정하고 출발하고, 이리저리 방향도 바꾸고, 때론 멈추기도 해야 한다. 여기서 가장 중요한 것은 목적지이다. 어디로 갈지도 모르고 차를 출발시킬 수는 없다. 인생을 제대로 운전하려면 목적지가 정확해야 한다. 어디로 갈지 스스로 목적지를 정하지 않고 다른 사람의 뒤꽁무니를 좇다 보면 엉뚱한 곳에서 연료가 바닥나버릴지도 모를 일이다.

본인의 인생은 본인이 스스로 책임지고, 그만큼 선택 또한 신중히 자기 자신만의 선택을 해야 한다. 인생을 살면서 결단의 순간은 꼭 온다. 그런 결단은 점심 메뉴처럼 순식간에 정해버리는 것이 아니다. 주관을 가져야 인생을 원하는 방향으로 이끌어갈 수 있을 것이다.

깨진 유리창 주변이
더러운 이유

- 필립 짐바르도 -
Philip George Zimbardo, 1933~

우리는 매일 학교나 직장에 가고, 휴가를 보내고, 모임에 참석하고, 세금과 공과금을 납부한다. 그런데 만일 우리가 기존의 습관으로 대처할 수 없는 완전히 새로운 상황에 놓인다면, 어떤 일이 일어날까? 우리는 매일 만나는 사람들, 즉 가족, 친구, 동료, 연인에 대해 얼마나 잘 알고 있을까?

미국의 심리학자 필립 짐바르도에 의하면, 우리는 상황에 압도당해 어떤 악행을 저지를지 모른다. 인간 본성에 대한 우리의 생각에는 우리 내부의 결정인자가 우리를 선량한 길이나 나쁜 길로 이끈다는 가정을 통째로 뒤엎은 연구 결과를 던진 심리학자가 바로 짐바르도이다. 특히 겁에 질린 사람들은 자신들이 살기 위해 어떤 악행도 수단과 방법을 가리지 않고 은근슬쩍 행하려고 하는 경향이 생긴다. 이런 수동공격적 태도는 많은 이들에게 낯설지 않을 것이다.

341 개인의 자질에만 초점을 맞춘다면 폭력의 문제를 해결할 수 없다.

Problems of violence cannot be solved if focus is only on qualities of an individual.

342 어떤 인간이 저지른 행동은 그것이 아무리 끔찍한 것이라고 하더라도 우리들 모두가 저지를 수 있는 것이다.

No matter how terrible action it is, any action that is committed by human is what all of us can commit.

343 썩은 사과가 썩은 상자를 만드는 게 아니라, 썩은 상자가 썩은 사과를 만드는 것이다.

It is not that a rotten apple makes a box rot, but that a rotten box makes an apple rot.

344 악이란 바로 힘의 행사이다. 다른 이의 마음을 다치게 하거나, 사람을 다치게 하거나, 인간성을 버리고 범죄를 저지르는 것이다.

Evil is the exercise of power. To harm people psychologically, to hurt people physically, and to commit crimes against humanity.

345 사람을 바꾸고 싶으면 결국 상황을 바꿔야 한다. 만약 상황을 바꾸고 싶다면 바로 체계의 힘을 알아야 한다.

If you want to change people, you got to change situation eventually. If you want to change the situation, you got to know the power of system.

346 우리는 우리를 공정하고 현명하게 만드는 도덕적, 합리적 능력을 갖추고 있다고 믿는다. 그래서 우리는 상황의 힘에 충분한 경계와 주의를 기울이지 않고 스스로를 위험에 빠뜨린다.

We believe that we have the moral and rational ability that make us fair and wise. So we put ourselves in danger without paying enough vigilance and attention to the power of situation.

347 평소에 우리가 살아가는 데 도움을 주던 동기와 욕구가 우리를 타락의 길로 이끌 수 있다.

The motives and desires that have helped us live daily life can lead us to the path of depravity.

348 공포는 국가가 휘두르는 최상의 심리적 무기로, 국민을 공포 속으로 몰아넣어 전능한 정부가 약속하는 안전을

위해 기본적인 자유와 법치라는 안전장치를 희생하도록 강요한다.

Fear is the State's psychological weapon of choice to frighten citizens into sacrificing their basic freedoms and rule-of-law protections in exchange for the security promised by their all-powerful government.

349 테러는 공포를 야기하고, 공포는 사람들이 이성적으로 생각하지 못하게 한다.

Terrorism causes fear, and fear prevents people from thinking rationally.

350 공포는 사람들에게 우리를 위협하는 적과 테러분자, 반군에 대해 추상적으로 생각하게 만들고, 따라서 그들을 없애야 하는 존재로 믿게 만든다.

Fear makes us think abstractly about enemies, terrorists, and rebels that threaten us, and therefore makes us think that they should be eliminated.

우리 대부분은 자신이 특별하다는 환상을 만들어내는 자기중심적 편견을 가진다. 자아도취적인 이 보호막은 우리 자신이 도덕적 강직성과 완전무결함을 시험하는 어떤 테스트에서도 평균 이상을 성취하리라고 믿게 한다. 우리는 정작 발밑의 미끌미끌한 비탈길을 내려다보아야 할 때에 개인적 무결점성이 두꺼운 렌즈를 통해 하늘의 별을 올려다보는 경우가 많다.

이러한 자기중심적 편견은 유럽이나 미국 문화와 같이 개인의 독립성을 부추기는 사회에서 흔히 발견되는 반면 아시아, 아프리카, 중동과 같이 집단 중심적 사회에서는 덜 발견된다. 하지만 한국도 서구화된 개인주의가 들어오면서 상황이 바뀌었다고 볼 수 있다.

351 우리가 어떤 사람들을 추상적인 존재로 생각하기 시작하면 그들은 '적의 얼굴'로 변하고, 평소에는 평화롭던 사람들 사이에도 그들을 죽이고 고문하려는 충동이 일어나게 된다.

When we begin to think of some people as abstract beings, they turn into 'a face of an enemy', and there is an impulse to kill and torture them even a normally peaceful group of people.

352 결국에는 모든 사람들의 집단적인 미움과 영웅적인 의지 속에 있는 더 큰 선으로 극복해야 한다.

Eventually, we must overcome with the greater good in

everyone's collective hatred and heroic will.

353 악의 현장에서 침묵을 지키는 이들의 존재는 선과 악 사이의 흐릿한 경계를 더욱더 희미하게 만든다.

The existence of those who remain silent at the scene of evil makes the blurred line between good and evil even more blurred.

354 행동하지 않는 악이 사실은 악의 기초가 된다.

Actually, evil of inaction is the foundation of evil.

355 다른 사람들은 그럴 수 있지만, 나는 그렇지 않을 것이라는 '개인적 무취약성'의 착각을 버려야 한다. 우리는 모두 악인이 될 수 있다.

Do not maintain an illusion of 'personal invulnerability' that others can but I can't. We can all be villain.

356 우리가 다른 인간에게 할 수 있는 최악의 일 중 하나는 비인간화라는 심리적 절차를 통해 그들의 인격을 박탈하고 무가치한 존재로 전락시키는 것이다.

One of the worst things we can do to other human beings is to deprive them of their personality and degenerate them

into worthless beings through the psychological process of
dehumanization.

357 어떤 형태로든 책임이 분산되면 타인에 해를 가하는 것
에 대한 억제력이 약해진다.

The dispersion of responsibilities in any form weakens the
deterrent against harming others.

358 사회심리학이 인간의 본성을 이해하는 데 기여한 것은
우리 자신보다 더 큰 힘이 우리의 정신적 삶과 행동을
결정한다는 발견에 있다.

What social psychology has given to an understanding of
human nature is the discovery that forces larger than ourselves
determine our mental life and our actions.

359 어둠의 심연 속으로 들어갔다가 나온 우리의 긴 여행에
서 도출할 수 있는 마지막 메시지는 영웅적 행동과 그러
한 행동을 하는 사람들을 칭송해야 한다는 것이다.

The last message that can be drawn from our long journey
throughout the abyss of darkness is that we must praise heroic
acts and those who act them.

360 한 장의 방치된 깨진 유리창은 아무도 신경 쓰지 않는다는 신호이며, 따라서 유리창을 더 깨는 것에 대해 아무런 부담이 없다.

One unrepaired broken window is a signal that no one cares, and so breaking more windows costs nothing.

짐바르도는 '깨진 유리창 이론(Broken Window Theory)'으로도 유명하다. 깨진 유리창을 방치하기 시작하면, 다른 유리창이 깨져도 방치하고 그 유리창 주변부터 쓰레기와 낙서가 늘어나는 등 '그래도 된다.'라는 인식이 생겨버린다는 이론이다.

우리는 어느 정도까지 상황과 순간, 그리고 다른 누군가가 저지른 일을 보며 '나라면 목에 칼이 들어와도 절대로 하지 않을 거야.'라고 자신할 수 있을까? 사람은 다른 사람의 행동에 영향을 많이 받는다. 우리는 자기 자신의 선량함을 너무 믿어서도 안 되며, 사람이 아니라 상황을 믿어야 할 때가 오리라는 것을 염두에 두어야 한다.

자기합리화가
심한 사람은 왜 그럴까?

– 레온 페스팅거 –

Leon Festinger, 1919~1989

결과적으로 잘못된 선택을 한 경우에도 자신을 보호하려는 것이 마음의 본능이다. 외부 여건 탓, 다른 사람 탓을 해서라도 자신의 선택은 잘못된 것이 아니었다고 합리화한다. 문제는 이런 행동이 반복되기 때문에 잘못된 선택이 계속 된다는 것이다. 스스로의 잘못에 대해 질책하지 않으면 다음에 똑같은 선택이 일어날 수밖에 없다.

많은 사람들이 잘못될 줄 알면서도 당장은 편한 선택을 한다. 이에 대해 미국의 사회심리학자인 레온 페스팅거는 '인지부조화(cognitive dissonance)'에 대한 실험적 연구 결과를 세상에 내놓았다. 사람은 보이는 대로 믿는 것이 아니라, 믿고 싶은 것을 본다는 것을 객관적으로 입증한 것이다.

361 인간은 자신의 마음속에서 양립 불가능한 생각들이 심리적 대립을 일으킬 때, 적절한 조건에서 자신의 믿음에

맞추어 행동을 바꾸기보다는 행동에 따라 믿음을 조정
한다.

When incompatible ideas in one's mind make mental conflict,
one adjusts belief in accordance with behavior rather than
changing one's behavior to fit one's belief under adequate
conditions.

362 인간은 이성적인 존재가 아니라 합리화하는 존재이다.

Human is not a rational animal, rather it is a rationalizing
animal.

363 우리는 평생 자신의 믿음과 일치되는 정보에만 관심을
기울이고, 주변에 자신의 믿음을 지지하는 사람들만 두
고 자신이 이미 저질러놓은 것을 의심케 하는 정보는 무
시한다.

Throughout our lives, we care only about information that is
consistent with our beliefs, leave only those who support our
beliefs around us, and ignore information that makes us doubt
what we have already committed.

364 인간의 행동이나 감정은 상황에 의해 변할 수 있다.

Human behavior or emotions can be changed by circumstances.

365 인간은 자신의 의지나 신념으로 행동하는 동물이 아니다. 인간은 상황에 따라 행동하며, 경우에 따라서는 자의, 신념 모두 상황에 따라 바꾸는 동물이다.

Human is not an animal that acts on its own free will or belief. Human behaves depending on situations and in some cases, human is an animal that changes both its own will and belief depending on situations.

366 부조화가 있을 때, 사람들은 그것을 줄이기 위해 아마도 그러한 불협화음을 증가시킬 수 있는 상황과 정보를 적극적으로 피할 것이다.

When there is a dissonance, people will actively avoid situations and information that may increase such discord to reduce it.

367 신자는 다른 신자들로부터 사회적 지지를 받아야 한다.

The believer must have social support from other believers.

368 어떤 사람들은 자신들의 믿음이 틀린 것으로 판명되었을 때, 잘못된 믿음을 인정하기보다는 현실을 자신에게

유리하게끔 왜곡한다.

When their beliefs turn out to be wrong, some people distort reality to their favor rather than admitting wrong beliefs.

369 옷가게에서 옷을 입어보게 권유한다든지 마트에서 시식 행사를 벌이는 것도 모두 소비자의 태도를 바꾸기 위해 인지부조화 현상을 이용한 전략이다.

Encouraging to try on clothes at a clothing stores and tasting events at supermarkets are all strategies that use cognitive dissonance to change consumers' attitudes.

370 사람들은 돈을 좋아하면서도 정작 돈을 좋아한다고 말 하기를 꺼린다.

People like money but are reluctant to say that they like it.

페스팅거는 인지부조화 이론, 사회비교 이론, 근접성 효과 등의 개념을 최초로 제시한 심리학자이다. 그는 사람들이 집 단 구성원들과 자신의 생각, 태도, 신념 등을 비교하면서 의견 차이가 클수록 불편감을 경험하며, 집단과의 일치성을 위하여 자신의 생각과 비슷해지도록 타인을 설득하거나 자신의 생각 을 바꾸는 경향을 보인다고 보았다.

그는 근접성 효과의 개념도 제시하였는데, 이에 따르면 물리적 거리가 가까울수록 더 오래 관계를 유지하게 된다. 사회심리학 영역에 실험심리학을 도입한 그의 연구는 높은 평가를 받았으며, 페스팅거는 사회심리학의 대부로 불렸다. 그는 스키너, 피아제, 프로이트, 반두라에 이어 20세기에 5번째로 가장 많이 인용된 심리학자로서 1959년 미국심리학회(APA)로부터 공로상을 받았으며, 〈포춘(Fortune)〉지가 선정한 미국의 가장 유망한 과학자 10인에 뽑히기도 하였다.

371 사람들은 자신의 의견이나 능력에 대해 정확하게 평가하려는 동기를 가지고 있다.

People have an innate drive to accurately evaluate their opinions and abilities.

372 우리가 그에게 동의하지 않는다고 말하면, 그는 돌아서 버릴 것이다. 우리가 사실이나 숫자를 보여주면, 그는 그 자료의 출처를 의심할 것이다. 우리가 논리를 앞세우면, 그는 우리 논지를 이해하지 못할 것이다.

Tell him you disagree and he turns away. Show him facts or figures and he questions your sources. Appeal to logic and he fails to see your point.

373 확신을 품은 사람은 바뀌기 힘들다.

A man with a conviction is a hard man to change.

374 인간은 자신이 틀렸다는 것을 인정하지 않으려다 더 큰 실수를 저지르는 어리석은 존재이다.

Humans are fools who make a bigger mistake trying not to admit that they are wrong.

375 조화되지 않는 믿음이나 의견을 단념하는 대신 개인적 태도를 바꾸어 그런 긴장을 최소화하거나 해소하는 경우가 더 흔하다.

It is more common to minimize or resolve such tensions by changing personal attitudes instead of giving up un-coordinated beliefs or opinions.

376 제품이나 서비스를 구매할 때, 우리는 자신이 옳은 결정을 했다고 스스로를 합리화하는 방법을 찾으려는 경향이 있다.

When we purchase a product or service, we tend to look for ways to convince ourselves that we made the right decision.

377 아이를 키울 때 아이 스스로 좋은 신념을 갖도록 돕는

방법 중 하나가 '질문하기'이다.

When raising a child, one of the ways to help a child have good faith on his or her own is 'questioning'.

378 우리는 어떻게든 스스로를 다른 사람과 비교하여 평가하고 싶어 한다.

We want to evaluate ourselves against others somehow.

379 나보다 더 나은 사람과 끊임없이 비교하기보단, 적당한 만족의 균형을 맞추는 것이 심리적 부담을 덜어줄 것이다.

Balancing moderate satisfaction will ease the psychological burden, rather than constantly comparing you with someone better than you.

380 물리적으로 가까운 사람이 심적으로도 쉽게 가까워질 수 있다.

Physically close people can also get psychologically close easily.

발전을 한다는 것은 같은 일을 되풀이 하는 것이 아니라 항상 새로운 것에 도전한다는 것이다. 실패할 수도 있고 성공할 수도 있지만 그 과정을 모두 거쳐야만 발전이 이루어질 수 있다. 그런 경우 새로운 선택은 항상 마음이 불편한 쪽이다. 새롭고 어렵고 낯선 것을 선택해야 하기 때문이다.

하지만 편한 길엔 발전이 없다. 현명함은 어려움을 감수하는 것이다. 페스팅거에 따르면, 우리가 발전하는 것은 합리화를 의식하고 관성대로 생각하지 않는 것에 달려 있다. 무조건 좋은 선택을 하지 않는다는 걸 인정하고, 스스로의 실수를 제때 돌아보아야 발전할 수 있는 것이다.

경쟁하고 협동하며
살아가는 우리

─ 무자퍼 셰리프 ─
Muzafer Sherif, 1906~1988

삶이란 인간관계라는 틀 속에서 엮어가는 이야기이다. 이 이야기의 완성을 위해서는 다양한 사람들이 등장하게 된다. 좋은 사람들만 있을 수도 없고, 나쁜 사람들만 있을 수도 없다. 자기 자신도 다른 사람들의 이야기에서는 좋은 사람일 수도 있고, 나쁜 사람일 수도 있다. 그렇기 때문에 원하든 원하지 않든 이 모든 사람들이 등장하지 않고 이야기가 끝날 수는 없다.

우리는 태어나자마자 어떤 집단에 속한다. 그 집단에서 사람을 만나고, 다른 집단의 사람과 경쟁한다. 이에 대해 미국의 사회심리학자 무자퍼 셰리프는 구체적인 실험을 통해 여러 가지 결과를 도출해냈다. 우리는 타 집단과 경쟁함과 동시에 큰 목표를 위해 협동하기도 하면서 살아가는 것이다. 또한 집단이 정해지는 것은 별다른 기준을 필요로 하지 않고, 가까이 살수록 유대감이 깊어지는 것 또한 밝혀졌다.

381 인간관계 문제를 다룰 때 심리적이고 사회문화적 요인을 모두 고려해야 하는 심리학자는 자신들이 생각하는 '사회학'을 즉흥적으로 만들어 자신들이 선호하는 개념을 사용해왔다.

Psychologists, who have to consider both psychological and socio-cultural factors in dealing with human-relation issues, have improvised their 'sociology' and used concepts they prefer.

382 집단은 일시적인 사안이 아니다. 집단에서의 행동 규제는 즉각적인 사회 환경만으로 결정되는 것이 아니다.

Groups are not transitory affairs. Regulation of behavior in them is not determined by the immediate social atmosphere alone.

383 서로 경쟁적 위치에 있는 집단이더라도 협력해야 하는 문제를 맞닥뜨리게 되면, 그 집단들은 공동의 목표를 위해 협력하는 경향을 보인다.

When groups in a state of friction are brought into contact under conditions embodying superordinate goals, the attainment of which is compelling but which cannot be achieved by the efforts of one group alone, they will tend to cooperate toward the common goal.

384 집단 간 협동은 두 집단 사이에 존재하는 긴장을 줄이는 데 누적 효과를 가져다준다.

Cooperation between groups will have a cumulative effect in the direction of reduction of existing tensions between groups.

385 만약 둘 이상의 집단 간 관계나 집단 간 태도를 연구하고자 한다면, 우리는 문제의 집단이 갖고 있는 특성과 그 집단이 개별 구성원에게 미치는 영향력을 모두 고려해야 한다.

If we intend to study relation between two or more groups or intergroup attitude, we must consider both the characteristics of the group and its influence on individual members.

386 집단이란 다수의 개인들로 이루어진 하나의 사회적 단위다. 이때 그 개인은 주어진 시간에 어느 정도 분명하게 상호 의존적인 지위와 역할 관계를 맺고 있다.

A group is a social unit which consists of a number of individuals who, at a given time, stand in more or less definite inter-dependent status and role relationships with one another.

387 집단 간 행동의 문제는 기본적으로 한 명 혹은 소수의 비전형적인 사람들의 행동에 대한 문제가 아니다.

The problem of intergroup behavior is basically not about the behavior of one or a few non-typical people.

388 우리는 집단 속에서 살아가기 때문에 경쟁 집단을 마주치기도 한다.

Because we live in groups, we sometimes encounter rival groups.

389 사회적으로 완벽한 개인이란 없다. 우리는 모두 집단에 속해 있다.

There is no socially perfect individual. We all belong to groups.

390 개인은 집단 관계의 경향성을 형성하고 실행하는 데 서로 다른 정도의 영향을 미친다.

Individuals have different degrees of influence in shaping and practicing tendency of group relationships.

터키 출신의 셰리프는 10대 시절 그리스와 터키 간의 전쟁을 직접 목격하고 자랐다. 당시 군인들이 저지르는 참혹한 살상 현장에 충격을 받은 그는 무엇이 인간을 그렇게 만드는가를 연구하게 된다. 바로 우리 안의 적대감을 연구한 것이다.

그는 한 초등학교 학생들 22명을 모집해서 캠프를 열었다. 학생들은 모두 건강하고 안정적인 심리 상태를 가지고 있었다. 하지만 팀을 나누고 야구 시합을 하면서 경쟁심을 고조시키자 며칠 후 아이들은 서로 욕을 하고 돌멩이를 던지는 등 적대적인 모습을 보이기 시작했다. 셰리프는 안정적이고 차분한 사람이어도 특정한 상황 속에서는 다분히 공격적으로 될 수 있음을 확인했다. 그리고 이를 해결하기 위해서는 인간이 서로 연결되어 있다는 느낌을 받아 조화롭게 행동하려 한다는 결론을 내렸다.

391 우리는 살아오면서 다른 집단과 경쟁하는 것을 자연스럽게 학습해왔다.

We have learned to compete with other groups naturally in our lives.

392 집단 간 경쟁은 부정적인 결과만을 가져오지 않는다. 경쟁은 상황을 더 생산적으로 이끌어가는 긍정적 결과를 가져오기도 한다.

Competition between groups does not only bring negative results. Competition can also bring positive results that lead the situation to more productivity.

393 경쟁 없이는 협동도 없다.

There is no cooperation without competition.

394 우리는 왜 경쟁하는가? 그것은 한정된 시간과 한정된 재화를 사이에 둔 집단들 중 한 집단에 속해 있기 때문이다.

Why do we compete? That's because we belongs to one of the groups with limited time and limited goods between them.

395 사람은 자신이 가진 사회적 위치에 따라 사회적 이슈에 대한 반응이 달라진다.

People's response to social issues depends on their social position.

396 사람은 집단을 이루기 때문에, 같은 성향을 가진 사람들과 더 잘 어울린다.

Because people form groups, they get along better with people with same propensity.

397 무작위로 데려온 사람들을 두 집단으로 나눠놓고 경쟁시키면, 사람들은 알아서 서로를 폄하하는 말을 하고 자

신들을 자랑스럽게 여긴다.

When you divide the random people into two groups and
make them compete, people speak disparagingly of each other
and feel proud of themselves.

398 안정적이고 차분한 사람도 경쟁이 과열된 상황에서는 공
격적으로 변할 수 있다.

Even a stable and calm person can turn aggressive in a
situation where competition is overheated.

399 인간은 서로 연결되어 있다고 느낄 때 조화롭게 협동심
을 기를 수 있다.

Humans can develop a sense of cooperation harmoniously
when they feel interconnected.

400 연대 없는 경쟁은 분쟁이 된다.

Competition without solidarity becomes dispute.

인생이라는 한 편의 이야기는 나만 혼자 써나갈 수 없다.
좋든 나쁘든 등장인물들과 '같이' 가야 '가치'가 있는 이야기를
쓸 수 있다. 이를 인정한다면 우리가 만나는 어떤 사람이든 그
'가치'를 인정하고 '같이' 갈 수 있다.

인간관계 때문에 괴로운 일이 있다면, 상대방을 내 이야기에 꼭 필요한 등장인물이라고 생각해 보기를 바란다. 셰리프에 의하면, 우리의 경쟁은 결국 연대를 위해 이루어져야 생산성을 보여준다고 한다. 이기적인 집단은 다른 집단에 대해 적대감을 가지고 해칠 뿐만 아니라, 집단 내에서도 분열이 일어나기 쉽다. 우리는 인류 공동체의 일원으로서 평화를 위해 서로를 배려해야 하지 않을까?

우리가 민주주의를 배워야 하는 이유

― 쿠르트 레빈 ―
Kurt Lewin, 1890~1947

샤를 와그너의 저서 〈단순한 삶(La Vie Simple)〉 중에서는 다음과 같은 말이 나온다. "신문을 많이 읽을수록 문제를 명확하게 보기가 오히려 더 힘들다." 작가가 책을 통해 이런 말을 한 것은 1895년이다. 120년이 넘게 지난 지금, 수많은 매체가 전세계의 일들을 실시간으로 전해 주고 있다. 하지만 예나 지금이나 그 속에서 진실을 찾아내기란 쉽지 않다. 그 이유는 한가지, 진실을 말하지 않기 때문이다. 물론 모든 내용이 거짓이라는 말은 아니다. 하지만 주관이 들어간 언론 보도는 교묘하게 사람들의 편견을 만들기도 한다.

사회심리학, 산업조직심리학, 응용심리학 등의 현대 심리학분야의 선구자인 쿠르트 레빈은 반유대주의 청산과 민주주의에 대해 고민하면서 "우리 사회는 어떻게 변화하는가?"라는 질문을 던진 바 있다. 우리가 다른 사람들과 세상을 살아가다 보면 집단 간에 갈등이 생기고, 사회적 약자에 관한 편견이나 차별 또한 갖게 된다는 것이 그의 이론이었다.

401 혁신은 새로운 시도가 아닌 과거와의 작별에서 시작한다.

Innovation begins with a farewell to the past, not a new attempt.

402 사람이 옛날의 가치체계와 새로운 가치체계의 경계에 설 만큼만 재교육이 성공한다면, 의미를 부여할 만한 재교육은 전혀 이루어지지 않았다고 볼 수 있다.

If reeducation succeeds only enough to make a person stand at the boundary between the old and new value systems, it can be said that there has been no meaningful reeducation.

403 변화는 개별적인 항목의 변화가 아니라 집단적인 분위기의 변화가 되어야 한다.

The change must be a change in the 'cultural atmosphere', not merely a change of a single item.

404 변화는 언어적 차원이나 사회적 혹은 법적 행위보다 훨씬 더 깊어야 한다.

Changes should be much deeper than verbal or social level or legal actions.

405 강연이나 선전만으로는 절대로 필요한 변화를 끌어내지 못한다.

Lecture or propaganda does not suffice to bring about the necessary change by itself alone.

406 사람들을 가만히 내버려두면 집단생활에서 민주적인 패턴을 따르게 된다는 생각은 순진한 착각일 뿐이다.

It is a mistake to naively think that people are bound to follow democratic patterns in communal life even when we leave them as they are.

407 한 사람의 삶의 공간은 주어진 시간에 그에게 작용하는 모든 영향 요인으로 이루어진다.

The life space of a person consists of all influencing factors that work on him at a given time.

408 소수 집단의 문제는 사실상 다수 집단의 문제이다. 흑인 문제는 곧 백인의 문제이고, 유대인의 문제는 곧 비유대인의 문제인 것이다.

The problem of minority groups is in fact a problem of majority groups. The black problem is the white problem, the jewish problem is the non-jewish problem.

409 교육이 사회를 변화시키는 것보다 사회가 교육을 변화시키는 것이 훨씬 더 쉽다.

It is much easier for society to change education than for education to change society.

410 민주주의를 '관용을 베푸는 자들을 위한 관용'으로 확고히 다지고 지켜나가는 데에 근본적으로 필요한 것은 '관용을 베풀지 않는 자에 대한 무관용'이다.

What is essential to firmly strengthen and uphold democracy as 'tolerance for those who give tolerance' is 'zero-tolerance to those who do not give tolerance'.

레빈은 심리학, 사회심리학, 커뮤니케이션학에서 위대한 학자이자 거장으로 평가받는다. 레빈은 심리학자로 잘 알려졌기도 하지만 커뮤니케이션 연구에 이바지한 바도 컸다. 특히 그는 장 이론(field theory)과 집단역학(group dynamics)의 개념을 통해 커뮤니케이션 이론과 연구에 큰 영향을 미쳤다.

우리가 친숙하게 알고 있는 자이가르닉 효과(Zeigarnik effect), 인지균형이론(cognitive consistency theory), 게이트키핑(gatekeeping), 경계인(marginal man), 집단 지도력(collective leadership) 등의 개념은 그에게서 나온 것이다. 그는 사회주의

운동과 여성주의 운동에도 참여한 진보적 인물이었는데, 그의 이론과 행보는 우리가 민주 시민으로서 살아가기 위해서 무엇을 배워야 하는지 알려준다. 민주주의는 오랜 기간 동안 발명되어왔고, 지금도 불완전하다. 인간은 더불어 살아가는 법을 끊임없이 배워야 한다. 그리고 새로운 것을 배우려면 오래된 것을 버려야 한다고 레빈은 말했다.

411 독재주의에서 민주주의로 변화하는 것은 그 반대 방향으로 변화하는 것보다 시간이 훨씬 더 많이 걸리는 과정이다. 왜냐하면 민주주의는 자발적이고 책임 있는 참여의 과정을 통해 배워야 하는 것이기 때문이다.

Changing from autocracy to democracy is a process that takes much more time than changing in the opposite direction. Because democracy is something that must be learned through a process of voluntary and responsible participation.

412 욕구는 불만 상태에서만 긴장을 유발하는 것이 아니라 과도한 만족(싫증)의 상태에서도 긴장을 일으킨다.

Desire does not only cause tension in a state of dissatisfaction, but also in a state of excessive satisfaction(sickness).

413 불행하게도, 어떤 욕구든 불만이나 싫증 상태에 있을 때

중심적인 욕구가 되고 만족 상태에 있을 때 주변적인, 말하자면 덜 중요한 욕구가 되는 것 같다.

Unfortunately, any need seems to be a central need when in a state of dissatisfaction or sickness and to be a peripheral, less important, need when in a state of contentment.

414 개인의 이상과 행동은 그가 속한 집단이나 집단의 목표와 기대에 따라 많이 달라진다.

An individual's ideals and actions depend largely on a group where he belongs or goals and expectations of the group.

415 반유대주의는 유대인 개인의 선한 행동으로는 절대로 근절되지 않는다. 반유대주의가 개인적인 문제가 아니고 사회적인 문제이기 때문이다.

Anti-Semitism will never be eradicated by the good deeds of Jewish individuals. Because anti-Semitism is a social problem not personal.

416 성공한 사람은 대개 다음 목표를 세운다. 단, 이전에 성취한 것에 비해 지나치게 높지 않은 목표를 세운다. 이렇게 해서 꾸준히 자신의 포부를 키워가는 것이다.

A successful individual typically sets his next goal somewhat but not too much above his last achievement. In this way he steadily raises his level of aspiration.

417 문화가 바뀌려면, 삶의 모든 영역에서 리더십의 변화가 일어나야 한다. 처음부터 특별히 중요한 것은 권력의 관점에서 봐서 핵심적인 사회 영역들의 리더십이다.

Change in culture requires the change of leadership forms in every walk of life. At the start, particularly important is leadership in those social areas which are fundamental from the point of view of power.

418 체계는 변화시키고자 노력해야만 이해할 수 있다.

One cannot understand a system until a change is attempted.

419 학습은 수동적일 때보다 능동적인 과정일 때 더욱 효과적이다.

Learning is more effective when it is an active rather than a passive process.

420 새로운 것을 시작할 때 가장 먼저 해야 할 일은 오히려 지금까지의 방식을 잊는 것, 즉 이전 방식에 종지부를 찍는 일이다.

When you start something new, the first thing you have to do is to forget about the old ways, that is, to put an end to them.

어느 날 TV 뉴스를 보면 유난히 사건 사고가 많은 날이 있다. 보도내용은 모두 사실일 수 있다. 하지만 우리에게 진실은 이렇다. '세상이 살기 위험하고 불안하구나!' 그리고 이어지는 광고를 보고 건강, 안전과 관련된 제품을 구입하게 된다.

언론은 진실이 아니라 광고를 파는 것이다. 진실은 언론에 있지 않고 현실에 있다. 뉴스에 나오는 사람보다 주변에 있는 사람을 유심히 살펴보자. 남들 또한 밥을 먹고, 잠을 자고, 고민하고 살아가는 사람이라는 것을 상상하자. 그렇게 '남 일'이 아니라 '내 일'이라고 생각하는 것이 민주주의의 핵심인 '관용'을 실천하는 중요한 동기가 되지 않을까?

PART 4

무거운 마음에서 벗어나는 법

심리치유와 마음챙김의 비법

우리가 느끼는 고통은 두 가지가 있습니다. 육체적 고통과 심리적 고통입니다. 몸에 상처가 나면 육체적 고통을 느끼고, 마음에 상처가 나면 심리적 고통을 느낍니다. 그 고통이 심하다면 몸도 마음도 치료를 받아야 합니다. 자꾸 건드리면 덧날 수 있습니다. 몸이든 마음이든 작은 상처가 큰 상처가 될 수 있다는 것입니다.

육체적 고통과 달리 심리적 고통은 실제가 아닙니다. 몸은 실제로 아픈 것이지만 마음은 어떤 불편한 사건이나 상황에 대해 생각하고 느끼는 것입니다. 그 크기는 실제 사건과 다를 수 있습니다. 작은 일도 뼈아프게 느껴질 수 있는 법이지요. 이런 마음을 스스로 튼튼하게 만들고, 상처를 극복하려면 어떻게 해야 할까요? 무거운 마음을 어루만져줄 심리학자들의 처방을 소개합니다.

미래가 아닌
현실의 행복을 설계하라

- 대니얼 길버트 -

Daniel Todd Gilbert, 1957~

살아 있다면 가장 행복하게 누려야 할 순간은 바로 지금이
다. 미래의 희망은 단지 지금의 마음뿐이지 실제는 아니다. 지
금 희망이 있든 없든 그것으로 현재나 미래가 달라지지 않는
다. 그러니 희망이 있다고 행복해야 하고 희망이 없다고 불행해
야 할 이유는 없다. 어떻게 될지도 모를 미래 때문에 현재 고통
을 받아야 할까? 이러한 '행복'에 관한 문제를 탐구한 사람이
있다. 바로 미국의 사회심리학자인 대니얼 길버트이다.

그는 저서 〈행복에 걸려 비틀거리다(Stumbling on Happi-
ness)〉에서 우리가 왜 행복을 추구할수록 행복과 멀어지는지
유머러스하게 풀어내었다. 우리가 미래에 어떤 일을 당했을 때
어떤 기분이 들지 미리 짐작하고 겁먹는 성향이 있는데, 생각보
다 그 짐작이 일치하지 않는다는 연구 결과가 드러났다.

421 뇌의 독특한 작동방식은 우리가 미래에 어떻게 느낄지,

그리고 무엇이 우리를 행복하게 만들지에 대해 잘못된 예측을 내리기도 한다.

A unique way that brain functions sometimes makes wrong predictions about how we will feel in the future and what will make us happy.

422 행복에 대한 이론을 받아들이기 전에, 인간이 무언가를 오해할 여지가 없는지부터 생각해 봐야 한다.

Before we accept the theory of happiness, we must think about whether there is room for human to misunderstand something.

423 우리는 우리 자신의 감정에 대해서도 잘못 알 수 있지 않을까?

Couldn't we misunderstand our own feelings?

424 인간은 미래를 생각하는 유일한 동물이다.

The human being is the only animal that thinks about the future.

425 인간은 미래를 스스로 인식할 뿐 아니라, 현재만큼이나 미래에도 많은 관심을 갖는 '예측 기계'이다.

Humans are not only self-aware of the future, but are also 'anticipation machine' that are interested in the future as today.

426 인간의 뇌는 모든 경험을 완벽하게 기억하지 못하고, 대신 몇 가지 맥락으로 저장한다. 우리의 뇌는 현실을 '해석'할 뿐이다.

A human brain can not remember all experiences perfectly. Instead, it stores them in several contexts. Our brains only 'interpret' reality.

427 '행복'이라는 개념은 매우 주관적이다. 눈이 안 보여도 누구 못지않게 행복할 수 있는 것이 인간이다.

The concept of 'happiness' is very subjective. Human beings can be happy as anyone else even when they can't see.

428 인간을 행복하게 만드는 것이 무엇인지에 대한 인식은 살면서 여러 차례 변한다.

The perception of what makes humans happy changes many times in life.

429 20년 후에 정말로 우리를 행복하게 해 줄 것이 무엇인지 어떻게 알 수 있겠는가?

How can we know what will really make us happy after 20 years?

430 우리를 행복하게 해 줄 거라고 믿었던 것과 실제로 우리

를 행복하게 해 주는 것 사이에 크나큰 괴리가 생기는 것은 어쩔 수 없는 일이다.

There is a great gap between what would make us happy and what actually makes us happy and there is nothing we can do about it.

길버트는 하버드 대학의 심리학과 교수로 재직 중이다. 노벨 경제학상 수상자 대니얼 카너먼의 영향을 받아 인간이 행복에 대해 어떻게 생각하는가를 수년간 연구해왔다. 그는 강의와 연구 업적으로 수많은 상을 수상하였고, 연구 결과는 〈뉴욕타임스〉, 〈월 스트리트 저널〉, 〈포브스〉 등 다양한 지면에 실렸다.

그는 프로이트식 정신분석이나 무의식의 탐구보다 대중에게 쉽게 다가갈 수 있는 심리학 저술을 추구하지만, 단순히 자극적인 행복론이 아니라 과학적 데이터와 분석이 뒷받침된 글을 발표하고 있다. 길버트는 2008년 4월 미국 하버드 대학의 일간지 〈하버드 크림슨(Harvard Crimson)〉과 가진 인터뷰에서 "사람들을 행복하게 만드는 것은 비슷한 것들이며, 특별한 비법을 찾기보다 인간관계와 일상을 즐기라."고 말하기도 했다.

431 미래의 감정을 정확히 예측하는 것은 불가능하다. 우리는 어떠한 상황이 닥쳤을 때를 가정하여 자신이 슬플지 기쁠지 상상하지만, 그것은 상상일 뿐이다.

It is impossible to predict future feelings accurately. We imagine if we will be happy or sad by assuming future circumstances, but it's only an imagination.

432 미래의 행복을 미리 알아내는 좋은 방법은, 그 과정을 겪은 사람에게 직접 물어보는 것이다.

The best way to predict how happy you will be in the future is to ask the person who has already gone through a similar experience.

433 오로지 우리 자신에게 의존하여 얻는 행복은 우리를 비틀거리게 만들 뿐이다.

Happiness gained by relying on ourselves alone only makes us stagger.

434 다른 사람의 경험을 참고하여 인생을 계획하는 것은 부끄러운 일이 아니다.

It is not shameful to plan your life by referring to other people's experiences.

435 인생을 살면서, 우리에게 3개월 이상 영향을 주는 사건은 얼마 되지 않는다.

In life, very few events affect us for more than three months.

436 인간의 행복에 가장 영향을 미치는 것은 주변인과의 관계이다. 주변인과의 관계가 원만하게 유지될 때, 사소한 일로도 자주 기뻐할 때 우리는 행복하다고 느낀다.

The most influential thing in human happiness is the relationship with the people around us. We feel happy when our relationship with the people around us is maintained well, and when we are often happy with trivial things.

437 우리가 행복해지기 어려운 이유는 '근거 없이 만연한 조언'과 '상상력의 오류' 때문이다.

The reasons why we feel difficult to be happy are 'pervading groundless advice' and 'error of imagination'.

438 '근거 없이 만연한 조언'의 대표적인 예는 엄마의 조언과 같이 확실하지 않은, 그 일을 경험해 보지 않은 주변 사람들의 조언이다.

A typical example of 'pervading groundless advice' is an uncertain advice of people around you who have never experienced such as your mother's advice.

439 착한 사람이 가장 먼저 성공의 골인 지점에 도착한다.

The good person will be the first to arrive at the point of

success.

440 우리의 관심사는 생각보다 빠르게 달라진다. 우울한 일은 예상보다 덜 우울할 것이고, 기쁜 일 또한 우리를 영원한 행복으로 이끌어주지는 못할 것이다.

Our interests change faster than we think. Depressing situation will be less depressing than expected, and happy situation can't lead us to eternal happiness.

우리의 삶은 당장 내일 어떻게 될지 모른다. 우리가 아는 것은 지금 이 순간뿐이다. 지금 이 순간 아무 일 없다면 그것이 행복이고, 미래를 행복하게 만드는 열쇠이다. 실제로 불행하지도 않은 이 순간을 불행하게 생각하며 살 필요는 없다. 희망이 없어도 지금 이 순간을 행복하게 살면 삶에 대한 의욕이 생긴다. 그리고 이 의욕이야말로 미래를 밝게 만드는 원동력이 된다.

길버트는 그 단순한 결론을 막연하게 설파하지 않고, 객관적인 실험 결과와 과학적인 근거를 들어 차근차근 설명한 사회심리학자이다. 우리는 과연 행복할 수 있는가? 적어도 행복에서 멀어지는 것을 막을 수는 있을 것이다. 그리고 그 해답은 오로지 자기 자신에게 달려 있다.

누구나 우울증에
걸릴 수 있다

— 데이비드 번스 —
David D. Burns, 1942~

다음과 같은 통계가 있다. 미국 전체 인구의 5.3퍼센트가 우울증을 앓고 있으며, 전체 성인 인구 중 우울증 환자는 7~8퍼센트라고 한다. 40년 전만 해도 우울증이 처음 발병하는 평균 연령은 29.5세였으나, 지금은 14.5세로 더 낮아졌다. 우울증 평생 유병률은 1990년 이후 급격히 증가하고 있다. 한국에서도 번아웃 증후군(burnout syndrome) 등으로 많은 사람들이 우울증에 걸리지만, 아직 사람들의 인식은 부정적이다.

데이비드 번스는 바로 이 우울증을 치료하는 '인지요법 (cognitive therapy)' 개발에 크게 공헌한 인물이다. 그의 저서 〈필링 굿(Feeling Good: The New Mood Therapy)〉은 대중에게 인지요법을 최초로 알리면서 우울증을 겪지 않는 사람도 재미있고 유용하게 읽을 수 있게 쓴 책이다. 그는 우리에게 우울한 사람이 느끼는 감정, 자신을 실패자라고 여기거나 자기 삶이 끔찍하게 잘못되었다는 느낌과 실제 상황의 괴리를 어떻게 해결할 것인지 제안해 준다.

441 우리의 기분을 만드는 것은 현실의 사건이 아니라 우리
의 생각이다.

What makes our feeling is not a actual event, but how we
thinks.

442 부정적 사고방식을 '자동적 사고(automatic thinking)'라고
부른다. 자동적 사고는 머리에 떠올리려고 노력할 필요
없이 자동으로 작동하며, 마치 포크를 손에 쥐는 동작처
럼 당연하고 자연스럽게 여겨진다.

Negative thinking is called 'automatic thinking'. Automatic
thinking works automatically without trying to think of it, and
is taken as natural as a motion to hold a fork in one's hand.

443 오직 자신의 생각만이 자신에게 영향을 끼칠 수 있다.

Only one's own thoughts can affect oneself.

444 만약 실수를 하더라도, 절대 죽지는 않는다.

Even if you made a mistake, you will never die for it.

445 '나는 절망적이야.'라고 확신하고 있다면, 그 확신이 왜 비

이성적이고 자기패배적인지 다시 한 번 살펴보자.

If you have conviction in the thought "I am hopeless", let's discuss why that conviction is irrational and self-defeating.

446 우울증 환자가 자살을 해야 할 정도로 '전혀 해결할 수 없는' 문제를 안고 있는 경우를 나는 본 적이 없다.

I've never seen a patient with depression having problems that are 'totally unsolvable' to the point of committing suicide.

447 타인의 감정을 염려하느라 정작 자신의 감정은 돌보지 못한다면 그 무엇도 미덕이 될 수 없다.

If one cannot take care of one's own feelings concerning about others,' nothing can be virtue.

448 인간의 '가치'란 추상적인 개념이다. 다시 말해, 그런 가치는 실제로 존재하지 않는다.

Human's 'value' is an abstract concept. In other words, such values do not really exist.

449 '가치 있는' 사람이 되어야 한다는 그 어떤 요구도 즉시 떨쳐버리자. 그래야 다시는 그것을 기준으로 스스로를 평가하는 일도 없을 것이며, '가치 없는' 사람이 될까 봐

두려워할 필요도 없을 것이다.

Let's immediately shake off any calls to be a 'worthful' person.
That will make you to never evaluate yourself again by that
standard, and you won't have to be afraid of becoming a
'worthless' person.

450 그 누구도 실패에서 자유로울 수 없다.

No one can be free from failure.

인간의 모든 감정은 인간의 '인식'과 생각에서 비롯된다. 인
간이 주어진 상황을 어떻게 느끼는지는 그것을 어떻게 생각하
느냐에 달렸다. 그리고 우울증은 부정적인 생각이 연속된 결과
이다. 번스의 인지치료(cognitive therapy)는 자포자기 상태였던
우울증 환자들이 자신의 인생을 다시 설계하게끔 만들어주었
다. 그는 우울증을 감정적 '장애'로 보지 않고, 그저 감정과 부
정적 사고로써 어떻게 개선해야 할지를 꾸준히 연구했다.

그에 따르면 우리는 지나친 흑백논리와 일반화, 긍정적 사
고의 가치 절하, 성급한 결론, 자신의 가치를 낮추는 평가 등의
10가지 유형의 왜곡된 인식을 갖고 있다고 한다. 그 왜곡된 인
식에서 벗어나 스스로의 부정적 사고방식을 반박하다 보면, 어
떤 우울함과 불안에 시달리던 사람도 건강한 감정을 되찾을

수 있게 된다는 것이 그의 주장이다. 실제로 그의 책은 미국에서 500만 부 이상 팔린 베스트셀러가 되었고, 그는 인지행동치료의 세계적 권위자가 되었다.

451 완벽이 아닌 성공을 목표로 하라. 틀릴 권리를 결코 포기하지 마라. 그러면 살면서 새로운 것을 배워 앞으로 나아갈 능력을 잃기 때문이다.

Aim for success, not perfection. Never give up your right to be wrong, because then you will lose the ability to learn new things and move forward with your life.

452 우리는 자신에게 물어봐야 한다. 내가 더 원하는 것이 싸움에서 얻는 이득인가? 아니면 깊이 사랑하는 관계에서 느끼는 만족감인가를 말이다.

We have to ask ourselves. What I want more is benefit gained from fight? Or is it the satisfaction I get from deeply loving relationship.

453 아무리 극심한 불안과 우울에 시달려도 회복할 가능성은 얼마든지 있다.

No matter how much anxiety and depression you suffer, there is always a chance of recovery.

454 자신에게는 남의 인생의 의미와 가치를 산산조각 낼만한 핵폭발 같은 도덕적 권능이 없다고 인정하면서, 어째서 남에게는 자신의 '가치'를 파탄 낼 권능을 주는가?

Why do you give others the power to destroy your 'value', while admitting that you don't have a moral power like nuclear explosion to destroy the meaning and value of others' lives?

455 완벽주의를 극복하는 또 다른 방법으로 과정 지향성을 들 수 있다. 즉, 어떤 일을 평가할 때 결과보다는 과정에 초점을 맞추는 것을 말한다.

We can take process orientation as another way to overcome perfectionism. It is to focus on the process rather than the outcome when evaluating a task.

456 의욕이 아니라 행동이 먼저다. 할 일을 미루는 사람은 어떤 일을 해야겠다는 기분이 들 때까지 기다리기만 한다.

Motivation does not come first, action does. Individuals who procrastinate wait until they feel in the mood to do something.

457 우울할 때는 높은 목표를 바라보는 것을 멈추고, 본인이 아주 기본적인 것을 하고 있는지 점검하라.

When you feel depressed, stop looking at high goals and check if you are doing basic things.

458 희망이 없다고 느끼는 환자들은 실제로는 결코 희망이 없는 것이 아니다.

Patients who feel hopeless are never actually hopeless at all.

459 우울한 기분을 한마디로 정의하자면, 자기 자신에게 사실이 아닌 것을 계속 주입시킴으로써 자신을 조롱하고 불쌍한 존재로 만들어 버리는 것이다.

To define a depression in a word, you mock and pity yourself by inculcating something that is not true to yourself.

460 당신 자신에게 약간의 시간을 투자할 마음이 있다면 당신의 기분을 효율적으로 지배하는 법을 배울 수 있다. 날마다 체력 훈련을 받는 선수가 인내심과 강인함을 조금씩 키우는 것처럼 말이다.

If you are willing to invest some time in yourself, you can learn how to control your mood efficiently. Just like a player who gets physical training every day develops patience and strength little by little.

우울증은 개인의 문제가 아니다. 개인이 노력하고, 스스로의 의지만으로는 개선할 수 없는 것이 우울증이다. 대다수의 우울증 환자는 자신의 증상을 인지하지 못한 채 스스로가 게으르거나 의지가 없는 것이 아닌지 따지며 자책하고 스스로를 타박한다. 그리고 우울증은 '그들'의 문제가 아닌 '우리'의 문제이다.

누구나 우울증을 겪을 수 있다. 그러니 번스의 조언은 우울증을 겪고 있는 사람에게도, 우울증을 겪지 않은 사람에게도 도움이 되는 인생 조언이다. 현실적으로 인지요법은 약물을 사용하지 않는 훌륭한 방법이다. 그러나 번스는 정말로 심각한 우울증 환자에게는 인지요법과 항우울제 처방을 동시에 하는 것이 바람직하다고 지적한다. 아무리 끔찍한 기분이 들어도 살아 있는 이상 희망은 있다. 번스 박사의 말들은 그 희망을 선물해 준다.

결정 곤란에
시달리지 않는 방법

– 배리 슈워츠 –

Barry Schwartz, 1946~

짜장, 짬뽕 중에서 하나를 선택하는 것이 더 어렵게 느껴질까, 아니면 31가지 아이스크림 중 한 가지를 선택하는 것이 더 어렵게 느껴질까? 심리학자, 경제학자, 시장 조사자, 그 밖에 결정을 내리는 분야에 종사하는 전문가들이 발견한 내용을 담은 책 〈선택의 심리학(The Paradox Of Choice)〉에서 배리 슈워츠는 동네 슈퍼마켓에서 살 수 있는 시리얼 제품이 얼마나 많은지, 선택할 수 있는 텔레비전 모델은 얼마나 많은지 언급하며 이야기를 시작한다. 슈워츠와 다른 행동경제학자들의 연구결과, 선택 대안이 많아질수록 선택에 대한 만족도가 떨어지거나 아예 선택을 하지 않게 된다고 한다.

선택의 자유 자체가 제한된다는 것은 불행한 일이지만, 반대로 선택의 자유가 무제한으로 주어진다는 것이 행복한 일은 아니라는 것이다. 선택이 어려워지거나 선택을 한 이후에도 그 선택이 최고였는지 불안하기 때문이다.

461 나는 우리가 중요한 것에 대해서는 현명하게 선택하는 법을 배우고, 중요하지 않은 것에 대해서는 지나친 걱정을 내려놓는 법을 배운다면 자유를 만끽할 수 있다고 믿는다.

I believe that we can enjoy freedom if we learn to choose what is important wisely, and to put down excessive anxiety for unimportant things.

462 만일 감각 기관에 들어오는 모든 정보에 관심을 기울여야만 한다면 우리는 하루도 버텨내지 못할 것이다.

We won't last a day if we have to pay attention to the all information getting into sensory organs.

463 대다수의 사람이 인생의 구석구석에서 더욱 강한 통제권을 쥐고 싶어 하면서도 한편으로는 지금보다 더 단순하게 살기를 바란다. 이것이 바로 우리 시대의 역설이다.

While most people want to have stronger control in every corner of their lives, they want to live simple life than they are now. This is the paradox of our time.

464 자신이 스스로 무엇을 원하는지 정확히 예측하는 것은 절대 쉬운 일이 아니다.

It is not easy to predict what we actually want for ourselves.

465 인생에서 선택해야 할 것이 급증하면서 우리는 어떤 선택이 얼마나 중요한지 스스로 판단할 기회를 박탈당했다.

The proliferation of choice in our lives robs us of the opportunity to decide for ourselves just how important any given decision is.

466 적당한 만족이란 적당히 좋은 것에 만족하고 더 좋은 것이 있으면 어쩌나 하는 염려를 하지 않는 것이다.

Moderate satisfaction means being content with moderately good things and not worrying about the better.

467 '적당히 만족하는 법'을 배우는 것은 인생을 즐기기 위한 방법이다.

Learning 'how to be moderately satisfied' is a way to enjoy life.

468 행복의 필수 조건은 자유와 자율이고, 자유와 자율의 필수 조건은 선택이다.

The essential condition of happiness is freedom and autonomy, and the essential condition of freedom and autonomy is choice.

469 선택의 자유에는 '표현적' 가치가 있다. 선택을 통해 우리는 세상에 자신이 어떤 사람이고 무엇에 관심이 있는지 보여줄 수 있다.

Freedom of choice has 'expressive' value. Through choice, we can show the world who we are and what we are interested in.

470 인간관계와 행복이 서로 관련되어 있는 것은 분명하다. 그러나 무엇이 원인이고 무엇이 결과인지는 명확하지 않다.

It is clear that human relations and happiness are interrelated. But it is not clear that what is cause and what is consequence.

이제는 옷 가게에서 '평범한' 바지를 달라고 하면 점원이 어리둥절해할 것이다. 무한한 다양성을 지닌 현대 사회에서 평범한 것은 없기 때문이다. 슈워츠는 두 집단의 대학생들에게 각기 다른 상자에 든 초콜릿을 평가해달라고 했다. 첫 번째 집단의 대학생들은 6개의 초콜릿이 든 상자를 받았고, 다른 집단의 대학생들은 30개의 초콜릿이 든 상자를 받았다. 그 결과 적은 수의 초콜릿을 받은 학생들이 선택의 폭이 다양한 학생들보다 훨씬 더 만족스러운 반응을 보였다. 이것은 아주 놀라운 결과였다.

일반적으로 선택의 폭이 넓을수록 더 만족스러운 반응을 나타낼 거라고 추측하기 때문이다. 하지만 실제로는 선택권이 적을 때 가진 것에 대한 만족도가 더 큰 것으로 나타났다. 이것을 '선택의 패러독스(paradox of choice)'라고 부른다.

471 우리는 예전보다 훨씬 많은 선택을 대비하고 처리하고 재평가하고 또 경우에 따라서는 후회해야 한다. 그리고 선택을 처리하는 데 들어가는 시간만큼 좋은 친구, 좋은 배우자, 좋은 부모로 보낼 시간은 줄어든다.

We have to prepare, process, reassess, and, in some cases, regret much more choices than before. And as much time as it takes to process your choice, there is less time to be good friends, good spouses and good parents.

472 우리는 '찍는 자'가 아니라 '선택자'가 되어야 한다. '선택자'는 어떤 선택이 왜 중요한지, 어떤 선택으로 자신의 어떤 면이 드러나는지 생각할 줄 아는 사람이고 '찍는 자'는 선택 중압감으로 아무거나 고르게 되는 사람이다.

We should be 'choosers', not 'pickers'. A 'chooser' is a person who can think about what choice is important for what reason, and what choice will show what aspects of oneself. And a 'picker' is a person who chooses anything under pressure of choosing.

473 일반적으로 어떤 결정을 할 때는 가장 마음에 드는 선택안을 고를 때 포기하게 되는 대안들에 대해 생각해 보면 좋다.

When making a decision, it is good to think about the alternatives that you will give up when you choose an option you like the most.

474 절대 되돌리지 않을 선택을 했다고 여기면, 다른 걱정을 하지 않고 현재의 상황을 개선하는 데 매진하게 된다.

If you think you've made a nonreversible choice, you'll focus on improving the current situation without worrying about anything else.

475 괜히 우리 부부가 정말로 천생연분인가, 궁합이 잘 맞나 고민하고 혹시 더 좋은 사람을 만날 수도 있지 않았을까 하고 생각해 봤자 불행만 기다리고 있을 뿐이다.

Wondering about whether our couple are meant for each other or could we have met a better person will just make you miserable.

476 후회를 내려놓는다면 지금의 인생길에서 훨씬 큰 행복을 느낄 수 있을 것이다.

If you put down regrets, you will feel much greater happiness in your path of life.

477 많은 사람들이 '저지른 일'보다 '하지 않은 일'에 대한 후회를 더 크게 느낀다.

Many people feel more regret for 'what they haven't done' than for 'what they have done'.

478 후회가 무조건 나쁜 것은 아니다. 후회는 우리를 신중하게 만들어준다.

Regret is not necessarily bad. Regret makes us cautious.

479 다른 부정적인 감정(분노, 슬픔, 실망, 비탄 등)과 달리 후회라는 감정은, 만약 다른 선택을 했다면 지금의 상황을 피할 수 있었을 거란 생각이 자꾸 들게 만든다.

Unlike other negative-feelings (such as anger, sadness, disappointment grief, etc.) the feeling of regret keeps us thinking that if we had made a different choice, we could have avoided the current situation.

480 수백만 년간 단순한 구분만 하며 살아온 인간이 수없이 많은 선택을 해야 하는 현대의 삶을 살기에는 생물학적으로 아직 준비가 되어 있지 않을 수도 있다.

Humans that just have made simple distinctions for millions of years, may not be biologically ready to live modern life to make countless choices.

선택의 폭이 넓어진다고 만족도가 같이 높아지지 않는다. 적당한 선택 범위 내에서 선택을 하고 그것에 적당히 만족할 때 행복지수는 높아진다. 후진국에서 사는 사람들의 행복지수가 생각보다 낮지 않은 이유이기도 하다.

우리가 사는 세상은 예전보다 풍요로워지고 복잡해졌다. 스스로 행복도를 높이는 길은 삶을 단순화해서 선택의 폭을 줄이고 선택에 만족하는 것이다. 선택할 것이 엄청나게 많고 실수도 잘 저지른다면, 늘 '최고'를 찾는 것보다는 '이만하면 괜찮은 것'을 찾는 편이 나을 것이다. '최고'를 얻지 못해 행복하지 않은 건 어리석은 일이다. 만족이야말로 우리의 삶을 행복으로 이끌어줄 것이다.

천재 의사의
심리치유 수업

– 밀턴 에릭슨 –
Milton H. Erickson, 1901~1980

　과거에 대한 집착은 우울증을 낳는다. 나쁜 일만을 기억하면 계속 나쁠 것 같고, 좋은 일만을 기억하면 이에 모자라는 현재가 아쉽고, 과거만 계속 생각하면 현재도 미래도 우울해지고 만다. 현재도 금방 과거가 되기 때문에 우울할 일만 쌓여가는 것이다. 우울한 사람은 현재를 바꿀 노력을 하지 못한다. 과거도 현재도 미래도 우울하게 생각해서 무기력에 빠지기 때문이다.

　이에 대해 프로이트는 무의식에서 근본적인 문제를 찾으려고 했는데, 밀턴 에릭슨은 문제를 찾는 것에서 나아가 무의식으로 근본적인 문제를 해결하는 것에 주목했다. 에릭슨은 의료 최면과 가족 치료를 전문으로 하는 미국의 정신과 의사이자 심리학자였다. 그와 그의 제자들은 최면요법으로 많은 사람들의 심리적 고통을 해결해 주었다.

481 싸움은 지겹게 하셨잖아요. 이제 인생을 즐길 때도 되지 않았습니까?

Haven't you had enough of quarreling? Why not start enjoying life?

482 늘 가까운 미래의 실질적인 목표를 바라보라.

Always look to a real goal, in the near future.

483 치료는 산꼭대기에서 눈덩이를 굴리는 것과 같아. 눈덩이가 굴러떨어지면서 점점 커지고 눈사태를 일으켜 산처럼 되는 거라네.

Therapy is like starting a snowball rolling at the top of a mountain. As it rolls down, it grows larger and larger and becomes an avalanche that fits the shape of the mountain.

484 무의식은 오랜 시간이 흐른 뒤에도 다시 불러낼 수 있는 기억과 기술의 저장소다. 그리고 현명한 해결책과 나의 잊힌 힘을 일깨우는 원천이다.

Unconscious mind is a repository of memories and skills that can be called upon after many years. And the source that gives wise solution and reminds me of my forgotten strength.

485 우리를 괴롭히는 것은 우리가 모르는 것이 아니다. 우리가 아는 것이 사실이 아닐 때야말로 골치 아픈 일이다.

What bothers us is not what we don't know. The real trouble happens when what we have known is not true.

486 알지만 아는 줄 모르는 것은 더 큰 문제다.

Knowing but not knowing that is the bigger problem.

487 상대를 대할 때, 우리는 그의 현재뿐 아니라 미래에 대한 관점과 가능성까지 대하는 것이다.

When treating others, we are treating not only with their present but also with their views and possibilities for the future.

488 우리는 평생 무언가를 배우고 그 지식을 무의식으로 전환해서 최종 학습 결과를 자동으로 활용해왔다.

We have learned something through our lifetime and turned that knowledge into unconsciousness to use the final learning results automatically.

489 피아니스트는 손을 아무리 못 쓰게 돼도 음악을 알아. 작곡하는 법도 알고. 손을 쓰지 못하게 되더라도 작곡은 할 수 있어. 나는 휠체어에 앉아서도 언제나 올림픽 우승을

차지한다네.

A pianist, no matter how bad his hands get, knows music. And he knows how to compose. Out of a wheelchair win Olympic championships all the time.

490 내게 번민을 안겨주는 것은 일어난 일 그 자체가 아니라 그 일에 대한 우리의 견해다.

It is not event itself, but our view of it that makes me suffer.

프로이트, 융을 잇는 정신의학의 숨겨진 거장으로 소개되는 에릭슨은 최면을 신비의 영역에서 과학의 영역으로 옮겨온 최면치료법의 선구자이다. 그는 두 번의 소아마비를 자기최면과 무의식의 힘으로 이겨낸 인간승리의 표본이기도 하다. 에릭슨은 심리학자이자 정신과 전문의로서 무의식 연구와 치료 사례에 관한 많은 논문을 발표했지만, 그만의 독자적인 이론을 남기지는 않았다. 환자마다 각기 다른 방식으로 접근해야 하며 치료법을 하나의 이론으로 정립할 수 없다는 신념 때문이었다.

그래서 전문가들 사이의 세계적 명성에 비해 대중에는 잘 알려지지 않은 편이다. 에릭슨은 그를 찾아오는 전 세계 수많은 환자와 치료자들에게 재미와 감동과 교훈이 담긴 이야기를 들려주었다. 우리로 하여금 이야기 속에서 스스로 삶의 지혜를 구하도록 이끄는 현명한 안내자였으며, 오늘날까지도 많은 이들에게 영감을 주고 선한 영향을 끼치고 있는 시대의 휴머니스트이다.

491 세상에는 온갖 종류의 경험이 있고, 꿈은 그중 한 가지 경험이다.

There are all kinds of experiences in the world, and dreams are one of them.

492 수영해 본 사람은 발로 물을 차는 느낌을 떠올릴 수 있다.

People who have swam can recall the feeling of kicking water with their feet.

493 삶을 즐겨라. 온전히 즐겨라. 삶에 유머를 더할수록 우리는 더 잘 살게 된다.

Enjoy your life. Enjoy it as a whole. The more humor we add to life, the better we live.

494 아주 때 이른 걱정인 듯싶네. 나는 죽을 생각이 전혀 없거든. 사실 죽음은 내가 마지막으로 할 일이겠지!

I think that is entirely premature. I have no intention of dying.

In fact, that will be the last thing I do!

495 정신치료를 하는 사람들은 병과 장애, 죽음을 잘못 이해하고 있네. 그들은 지나치게 병과 장애, 죽음에 적응해야 한다고 강조하지.

Psychiatrists misunderstand illness, disability, and death. They overstress that we have to adapt to illness, disability, and death.

496 누구나 태어난 순간부터 죽어간다는 사실을 잊으면 안 돼. 어떤 사람은 남보다 더 효율적이라서 죽는 데 긴 시간을 허비하지 않고, 또 어떤 사람은 오래 기다리지.

Don't forget that we all begin to die from the moment we are born. Some are efficient than others to not waste too much time, and some take longer to get to the end.

497 모든 엄마는 아기를 조종한다. 모든 정신치료의 긍정적 가치는 한 인간이 타인을 만난 뒤 변화할 줄 아는 능력에 기반을 둔다.

Every mother controls a baby. The positive value of all psychotherapy is based on a person's ability to change after meeting others.

498 어린 시절의 장난기와 자연스러움을 잃어서는 안 된다.

Don't lose playfulness and naturalness of your childhood.

499 네가 독특한 존재임을 항상 기억하라. 그리고 네가 해야 할
일은 너의 있는 그대로를 사람들에게 보여주는 것뿐이다.

Always remember that you are unique. And all you have to do
is to show people who you are.

500 당신이 어디에 있든 내 목소리가 당신과 함께한다.

My voice will go with you wherever you are.

과거의 사실을 바꿀 수는 없다. 하지만 과거를 다루는 방법
은 바꿀 수 있다. 가장 좋은 방법은 지나간 대로 내버려두는 것
이다. 생각이 나는 것은 어쩔 수 없지만, 그 생각에 매달리는 것
이 문제이다. 과거를 잡는 순간, 과거가 나를 잡아 포로로 만들
기 때문이다. 내가 과거를 놓아야 과거도 나를 풀어준다. 과거도
현재도 미래도 나를 붙잡지 않는다. 내가 놓아 준다면 말이다.

에릭슨의 치유 방법은 무의식을 일깨우는 힘이기도 하다.
과거에서 헤어 나오지 못하는 사람을 빠져나오게 하는 것. 후
회라는 꿈에서 깨어나게 만드는 것. 그것이 에릭슨의 치료법이
었다.

감정 문제가
곧 인생 문제다

- 앨버트 엘리스 -
Albert Ellis, 1913~2007

혈관에 노폐물이 쌓이면 피가 잘 통하지 않듯, 과거에 대한 집착과 잡념은 뇌의 흐름을 방해한다. 나쁜 생각에 얽매이게 되면 우울해지고 의욕이 떨어진다. 더 큰 문제는 이런 뇌의 폐기물이 다른 폐기물들을 끌어들인다는 것이다.

한 번 폐기물이 쌓이기 시작하면 계속 폐기물들이 달라붙어 눈덩이처럼 불어난다. 폐기물이 너무 많이 쌓이면 결국 마음이 막혀 병이 나게 된다. 이런 폐기물을 덜어낼 수 있도록 하는 방법을 개발한 심리학자가 있다. 바로 현대 심리치료의 가장 중요한 기법 중 하나인 합리적 정서행동치료(rational emotive behavior therapy, REBT)의 창시자 앨버트 엘리스이다.

501 감정을 잘 다루어야 인생을 잘 다룰 수 있다. 감정 문제가 곧 인생 문제다.

You have to handle your emotions well to handle your life well.

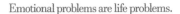

Emotional problems are life problems.

502 귀 기울여 듣고 노력할 준비가 되었는가? 생각하고 느끼고 행동할 자신이 있는가? 분명 그럴 수 있을 것이다. 모두 그러길 바란다!

Are you ready to listen carefully and try it out? Are you confident to think, feel, and act? I'm sure you can. I hope everyone will!

503 불안에 빠진 사람은 가족이나 친구를 속상하게 하거나 외면하게 만들어 다른 사람의 행복을 훼방 놓기도 한다. 결과적으로 자기 삶에서 누릴 수 있는 기쁨을 헛되이 날려 보낸다.

An anxious person may disturb other people's happiness by upsetting or turning away his or her family or friends. As a result, they waste the joy they can enjoy in their lives.

504 우리가 진짜로 해야 할 것은 이로운 감정과 해로운 감정을 구분하는 것이다.

What we really need to do is to distinguish between beneficial and harmful feelings.

505 우리는 아주 확고한 생각과 감정, 행동을 바꿀 수 있는 능력을 갖고 있다.

We have the ability to change beliefs, feelings, and behaviors.

506 감정을 일으키는 것은, 사건과 감정 사이에 끼어 있는 신념이다. 인간은 비합리적 신념을 통해 자신의 불안정한 생각과 감정을 스스로 만들어낸다.

What causes emotion is a belief between events and emotions. Humans create their own unstable thoughts and emotions through irrational beliefs.

507 현실을 제대로 인식하는 것만으로도 심각하게 불안하거나 우울해지는 일을 막을 수 있다.

We can prevent serious anxiety or depression just by making proper perception about reality.

508 때때로 감정과 생각을 바꾸는 좋은 방법은 억지로 그것에 맞서는 것이다.

Sometimes a good way to change feelings and thoughts is to force yourself to challenge them.

509 자신을 바꿀 수 있는 것은 결국 자기 자신뿐이다. 자기

자신과 자신의 꾸준한 노력뿐이다.

In the end, it is only you who can change yourself. Only yourself and your steady efforts.

510 감정적 불행을 물리치고 다가오지 못하게 하려면 노력하고 연습하는 수밖에 없다.

To defeat emotional misfortune and keep it off, there is no choice but to try and practice.

엘리스는 컬럼비아 대학에서 임상심리학으로 석사 및 박사 학위를 취득한 후 활동을 시작했다. 그는 초기에 지그문트 프로이트의 고전적 정신분석을 시행했으나 여러 접근 방법을 활용한 끝에 사건과 관련된 신념이 고통의 진짜 원인이라는 합리적 정서행동치료를 창안했다. 심리치료의 패러다임을 바꾼 혁명적인 기법이라고 평가받는 이 치료법은 알프레드 아들러와 카렌 호나이의 사상적 영향을 받았다.

엘리스는 거의 매일 심리상담을 진행하며 여가 시간에는 연구와 저술로 시간을 보내 800편이 넘는 논문과 60권이 넘는 책을 썼다. 1959년에는 전문가를 양성하고 시청각 자료를 만들어 보급하고 개인·가족·집단 단위 심리치료를 제공하는 비영리 연구소 앨버트 엘리스 연구소를 세웠다. 1982년 미국과 캐나다의 임상심리학자들을 대상으로 한 설문조사에서 그는 심리치료 역사상 가장 영향력 있는 사람 2위를 차지했는데, 1위는 로저스, 3위는 프로이트였다.

511 당신은 바르게 혹은 나쁘게 '행동'하는 사람일 뿐이며, 좋은 사람도 나쁜 사람도 아니다. 언제든 이렇게 못나게 행동한 자신을 받아들일 수 있고, 행동을 고치려고 노력할 수 있다.

You are only who 'behaves' good or bad, and you are neither good person nor bad person. You can always accept yourself who has been behaving badly, and you can also try to fix your behavior.

512 스스로에게 이렇게 답하라. "실패하면 안 될 이유는 없어. 실패하더라도 최악은 아니고, 아주 불편할 뿐이야."

Answer yourself like this. "There is no reason you should not fail. Even if you fails, that is not the worst but just very uncomfortable."

513 현실적 문제를 올바르게 인식하면 해결을 위해 노력하지만, 어리석게 속상해하면 '문제에 대한 문제'를 얻게 된다.

If you perceive the real problems properly, you will try to solve them. But if you are just upset foolishly, you will get a 'problem on the problem'.

514 완벽하거나 탁월한 해결책은 기대하지 않아야 한다.

You should not expect perfect or excellent solutions.

515 기대하는 것은 감정 문제를 키우고, 모든 것을 더욱 악화시킬 것이다.

Expecting will raise emotional problems, and make everything worse.

516 너무 많이 준비하지 말고 허술하게도 해 보자. 때로는 실수를 통해 배울 수 있다. 그리고 다음에 더욱 잘할 수 있을 거라는 걸 자신에게 보여주자.

Don't prepare too much and let's do sloppily sometimes. In some cases, you can learn from mistakes. And show yourself that you can do better next time.

517 우리는 자신의 생각, 감정, 행동이 자신의 목표에 보탬이 되는지 여부를 평가한다. 하지만 제 역할을 다하고 있는지에 상관없이 언제나 자기 자신을 인정하고 존중해야 한다.

We assess whether our thoughts, feelings, and actions contribute to our goals. However, regardless of whether they are doing their role, you should always appreciate and respect yourself.

518 남들도 나처럼 실수를 저지를 수 있는 사람이라는 사실을 받아들이면, 타인을 훨씬 객관적인 눈으로 바라볼 수 있게 된다.

If you accept the fact that others can make mistakes like you does, you will be able to look at others with much more objective eyes.

519 어차피 인생 자체는 성가신 일이다.

Life itself is a nuisance anyway.

520 힘들지만 끔찍하지도, 지독하지도 않다. 그저 힘들 뿐이다. 그리고 어떻게든 삶은 지나간다. 불안을 거부하고, 더 큰 즐거움을 모색해 보자.

It's hard, but not terrible or awful. It's just hard. And somehow life passes by. Let's reject anxiety and look for greater happiness.

나쁜 생각은 그때그때 털어버려야 한다. 한 일이나 했어야 했던 일을 되돌릴 수는 없다. 과거는 과거로 남게 내버려 두어야 한다. 좋은 추억도 언젠가는 독이 될 수 있다. 현재가 나쁘다면 좋은 과거도 우울증을 유발할 수 있기 때문이다.

　　심리적 폐기물을 쌓지 않으려면 지금 이 순간에만 집중하면 된다. 그리고 일어나는 생각들이 계속 흘러가게 하면 된다. 어떤 감정도 지나가기 마련이다. 엘리스는 우리가 흔히 하는 인지적 오류를 짚어줌으로써 오해를 풀고 현실을 인정하고, 더 나아가 현실을 극복할 수 있는 힘을 찾아준다.

실패를 승리로 바꾸는
믿음을 가져라

– 빅터 프랭클 –

Viktor Emil Frankl, 1905~1997

우리는 믿는 대로 행동하고, 믿는 대로 보고 듣는다. 문제는 믿음이 잘못 되었을 때 잘못 행동하고 잘못 보고 듣게 된다는 것이다. 대부분의 경우 이러한 사실조차 깨닫지 못한다. 하지만 무언가 잘못되었다는 것을 아는 경우라도 그것이 왜인지는 알기 힘들다. 의식적으로 문제를 발견하더라도 그 문제를 일으키는 것은 대부분 무의식적 믿음이기 때문이다.

이 믿음은 삶의 의미와도 연결된다. 삶의 의미에 천착하여 사람들의 마음을 치유하는 '로고테라피(logotherapy)'라는 심리치료를 개발해낸 오스트리아 출신의 정신과 의사 빅터 프랭클은 홀로코스트 이후 〈죽음의 수용소에서(Man's Search for Meaning: An Introduction to Logotherapy)〉라는 대표 저서를 펴냈다. 그는 어떤 상황에서도 희망을 저버리지 않고 꿋꿋이 살아가는 인간의 용기를 보여준 인물이다.

521 전통이 점점 쇠퇴해가는 요즘 같은 시대에 정신의학의 주된 과제는 인간에게 의미를 발견할 수 있는 능력을 갖추도록 해 주는 것이다.

In an age such as ours, in which traditions are on the wane, psychiatry must see its principal assignment in equipping man with the ability to find meaning.

522 사람들은 자기가 진정으로 원하는 것이 무엇인지 모르는 경우가 많다. 그래서 순응주의자나 전체주의자가 된다.

People often don't know what they really want. So they become conformist or totalitarian.

523 나는 전통의 붕괴에도 불구하고 삶은 각각의 사람에게 모두 의미 있는 것이며, 더 나아가 말 그대로 숨을 거두는 순간까지 그 의미를 갖고 있다는 믿음이 전달되기를 바란다.

Despite the crumbling of traditions, life holds a meaning for each and every individual, and even more, it retains this meaning literally to his last breath.

524 운명보다 더 강한 것은 그것을 견디는 용기이다.

What is stronger than fate is the courage to bear it.

525 최악의 상황에 처해 있음에도 불구하고 그것을 자신과 분리시켜서 볼 수 있는 능력은 오로지 인간만이 가지고 있다.

To detach oneself from even the worst conditions is a uniquely human capability.

526 유머와 영웅심은 우리에게 자기 초연이라는 능력을 갖도록 했다.

Humor and heroism refer us to the uniquely human capacity of self-detachment.

527 중요한 것은 우리가 지니고 있는 성격상의 특성 자체가 아니라 그것을 대하는 우리의 태도이다.

Important thing is not the characteristic we have, but our attitude toward it.

528 궁극적으로 각각의 인간은 그 어느 것으로도 대체될 수 없으며, 다른 어떤 사람이 사랑받고 있는 그 사람으로 대체될 수 없다.

Ultimately, each human being cannot be replaced by anything, nor can anyone else be replaced by the person loved.

529 인간은 세상을 향해 개방되어 있는 존재이다.

Humans are beings that are opened to the world.

530 왜 사는 것일까? 삶의 의미는 무엇일까? 점점 더 많은 사람들이 이렇게 공허감과 삶의 무의미함을 호소한다. 이 증상을 '실존적 공허'라고 한다.

Why do we live? What is the meaning of life? More and more people are complaining of such voidness and the meaningless of life. This symptom is called an 'existential vacuum'.

〈죽음의 수용소에서〉는 나치의 강제수용소에서 겪은 생사의 엇갈림 속에서도 삶의 의미를 잃지 않고 인간 존엄성의 승리를 보여준 프랭클 박사의 자서전적인 체험 수기로, 그 체험을 바탕으로 프랭클 박사는 자신의 독특한 정신분석 방법인 로고테라피를 이룩한다. 로고테라피의 실존분석을 충분한 사례를 들어 다루고 있는 책이라고 할 수 있다.

1933년부터 1937년까지, 프랭클은 빈에 있는 스타인호프 병원의 신경학과와 정신과에서 그의 레지던트를 마쳤고, 여기서 그는 자살 충동을 가진 3,000명 이상의 여성들을 치료했다.

531 절대적 의미에 대한 절대적 믿음이 완전한 실패를 영웅

적인 승리로 바꾼다.

Absolute belief in absolute meaning turns complete failure into a heroic victory.

532 그래서 나는 동부 해안에 있는 자유의 여신상을 보완하는 의미에서 서부 해안에 책임의 여신상을 세워야 한다고 말하고 싶다.

That is why I recommend that the Statue of Liberty on the East Coast be supplemented by a Statue of Responsibility on the West Coast.

533 인간으로 존재한다는 것은 곧 그것과 다른 어떤 것을 지향한다는 것을 의미한다.

Being human always points, and is directed, to something, or someone, other than oneself.

534 존재는 계획된 것일 뿐만 아니라 그것을 초월하는 것이기도 하다.

Being is not only designated, but also transcends that.

535 유일무이하다는 것은 어떤 상황이 지닌 특성일 뿐만 아니라 인생 전체의 특성이기도 하다.

Being one and only is not only a characteristic of a situation, but also a characteristic of the whole of life.

536 인간은 자기 자신과는 다른 어떤 것, 자기 자신의 단순한 표현을 넘어선, 자기 자신의 단순한 투사를 넘어선 의미를 향해 자신을 초월하고 있다.

Humans are transcending themselves toward meaning anything other than themselves and beyond simple expression and projection of themselves.

537 의미는 발견되는 것이지 만들어내는 것이 아니다.

The meaning is not invented, but rather detected.

538 인간은 어떤 상황에서 올바른 해답을 내려야 할 책임이 있으며, 그 상황의 진정한 의미를 찾아야 할 책임이 있다.

Humans are responsible for the right answer of a situation, and for finding the true meaning of the situation.

539 사람들은 어떤 사람에게 주어진 의미가 진정한 것인지 아닌지 절대로 알 수 없다.

People will never know whether the meaning given to a person is true or not.

540 나는 실수를 저지를 가능성이 있기 때문에 노력할 필요가 없다고 생각하지 않는다.

I don't think that I don't need to try because I have the potential to make mistakes.

삶의 의미는 분명히 있고, 인간은 자유와 책임을 지닌 존재이다. 우리는 현명한 선택으로 하여금 본인의 삶과 타인의 삶을 가꾸어나갈 의무가 있다. 그런 믿음은 우리의 마음속에 있다. 좀 더 정확히는 우리 몸의 세포들에 기억으로 자리 잡고 있다고 한다. 하기 싫거나 고통스러운 상황에 처하면 잘못된 기억이 보호장치로 작동하게 된다.

그래서 우리도 모르게 무의식에 끌려 바람직하지 않은 방향으로 행동이 일어나는 것이다. 그것을 저지하는 것이 바로 심리치료이며, 자기파괴적 행동에서 벗어나도록 도와주는 것이 정신과 의사가 하는 일이었다. 프랭클은 인간이 인간에게 행할 수 있는 악의를 목격하고, 참담한 환경을 겪어냈지만 희망을 잃지 않았다. 그런 굳은 믿음이 우리를 성공으로 이끌어주지 않을까?

마음의 지도를
읽어내다

– 스티븐 그로스 –
Stephen Grosz, 1952~

불이나 높은 곳에 대한 지각은 위험을 경고하는 본능적인 것이다. 인간으로서 그런 본능은 극히 일부이고, 대부분의 지각, 인식, 감정 등은 어린 시절부터 경험으로 배우게 된다. 어린 아이가 직접 경험하는 것은 한계가 있고 부모의 가르침과 서로의 교감이 크게 영향을 미친다. 그래서 어떤 상황에서 특별히 화가 나거나 기분이 나쁘다면 어린 시절을 되짚어봐야 한다.

이에 대해 깊이 연구한 정신분석가 스티븐 그로스가 있다. 버클리와 옥스퍼드 대학에서 수학한 그로스는 영국 최고의 정신분석가로, 지난 25년간 정신분석학회에서 임상 기술을 가르치고 런던 대학에서 정신분석 이론을 강의해왔다. 그의 저서 〈때로는 나도 미치고 싶다(The Examined Life How We Lose and Find Ourselves)〉는 지금까지 그가 축적해온 5만 시간의 통찰을 촘촘하고 드라마틱하게 담아내어 고전의 반열에 올려도 손색이 없다는 평을 받고 있다.

541 우리는 심리적인 문제로부터 달아날 수 없다. 결국 어떤 식으로든 문제가 표출될 것이다.

We cannot run away from psychological problems. Problems will be expressed in some way eventually.

542 지루함의 표출은 정신분석가에게 유용한 도구가 될 수 있다. 환자가 특정 주제를 회피하고 있다는 신호, 또는 사적이거나 부끄러운 주제에 대해 솔직하게 이야기할 수 없다는 신호이기 때문이다.

The expression of boredom can be a useful tool for psycho-analysis. Because it is a sign that the patient is avoiding a parti-cular topic, or that he cannot speak frankly about a private or shameful subject.

543 우리가 자기 이야기하는 법을 찾아내지 못하면 이야기가 우리에게 말을 걸기 시작한다. 꿈을 꾸거나 증상이 생기거나 스스로 이해하지 못하는 방식으로 행동하기 시작한다.

We cannot find a way of telling our story, our story tells us. We dream these stories, we develop symptoms, or we find ourselves acting in ways we don't understand.

544 편집증적인 망상은 자신이 무관심하게 다루어지고 있다고 느낄 때 일어나는 반응이다.

Paranoid delusions are reactions that occur when you feel that you are being treated indifferently.

545 인간은 누군가가 자신을 배신하는 것보다 아무도 자신에게 관심이 없는 상황을 더 두려워하기 마련이다.

Humans are more afraid of situations that no one cares about them than that someone betrays them.

546 아무리 특이해 보이는 행동이라도 충분히 깊숙이 파고들면 언제나 논리가 존재한다.

No matter how seemingly unusual action it is, logic always exists when it is dug deeply enough.

547 인간은 스스로를 계속 좋은 사람으로 인식하기 위해서 자신에게 존재하는 나쁜 측면을 다른 사람들에게 투사하고는 한다.

To think oneself as a good person, humans often project the bad aspects in them to others.

548 '분열'이란 스스로를 용납할 수 없다는 내면의 감정을 무

시하기 위해 사용하는 무의식적인 전략이다.

'Division' is an unconscious strategy that is used to ignore the inner feelings of not being able to tolerate oneself.

549 가정이 우선이라고 외치던 정치인이 불륜을 저질렀다거나 하는 뉴스를 접할 때마다 "앞이 요란하면 뒤가 구린 법"이라는 말을 떠올린다.

Whenever I hear the news like a politician shouting that family should come first had an affair, I think of the phrase, "If the front is noisy, the back will stinks".

550 일반적으로 사람들이 나이가 들면 정신질환을 겪을 확률은 낮아지지만 편집증을 겪을 확률은 높아진다.

In general, as people get older, they are less likely to suffer from mental illness but more likely to suffer from delusional disorder.

〈때로는 나도 미치고 싶다〉는 굳이 난해한 정신분석학적 용어를 쓰지 않고도 짤막하고도 생생한 사연들 속에 숨어 있는 인간의 욕망과 심리를 파헤친다. 마치 한 편 한 편이 소설처럼 읽히는 총 서른한 편의 에피소드는 출생에서 죽음에 이르기까지 인생에서 겪을 수 있는 온갖 역경들을 기록하고 있어 프로이트의 〈꿈의 해석〉과 비견되기도 한다.

특히 저자의 경험이 농축된 실화들은 살면서 일어나는 인
생의 온갖 문제들에 대한 새로운 프레임을 제시하고 있어 다시
금 우리 삶을 돌아보는 계기를 선사한다.

551 모두가 자신을 잊어버린 현실 속에서 사느니 있지도 않
은 위협을 피해 다녀야 하는 드라마 속에서 사는 쪽이
더 낫다고 여기는 것이 인간이다.

Humans think of living drama where they have to avoid non-
existing threats better than living in a reality that everyone
has forgotten them.

552 상사병을 앓는 사람들은 마치 편집증 환자처럼 열정적으
로 정보를 수집하는 경향을 보인다. 하지만 얼마 지나지
않아 관찰 방식에서 무의식적인 의도가 드러난다.

People having lovesick tend to gather information passionately
like paranoid patients. But before long, the way how they
observe reveals their unconscious intentions.

553 우리 모두의 내면에는 변호사와 바틀비(허먼 멜빌의 소설
〈필경사 바틀비〉 속 주인공)가 하나씩 있다. 한쪽에서 변호

사가 활기찬 목소리로 "바로 지금 시작해 볼까!"라고 제안하면 반대쪽에서 바틀비가 부정적인 목소리로 "그러지 않는 쪽이 좋겠어."라고 대답한다.

In each of us there is a lawyer and a Bartleby (the main character in Herman Melville's novel <Bartleby, the Scrivener>). We all have a cheering voice of the lawyer saying "Let us start now, right away" and an opposing negative voice of the Bartleby responding, "I would prefer not to".

554 사랑에 대한 기대가 클수록 실망을 두려워하는 경향도 커진다.

The greater we expect for love, the greater we tend to fear disappointment.

555 우리는 변화에 직면하면 망설인다. 변화는 곧 상실을 의미하기 때문이다. 하지만 어느 정도의 상실을 받아들이지 않는다면 결국 모든 것을 잃을 수 있다.

We hesitate, in the face of change because change is loss. But if we don't accept some loss, we can lose everything.

556 어떤 환자에게는 "내가 다른 사람의 마음속에 살아 있다."는 확신이 필요하다.

Some patients need a conviction that "I am alive in others' minds."

557 다른 사람에게 이상하게 비치거나 본인에게도 이해되지 않는 반응에는 언제나 근원적인 이유가 존재한다. 그것을 찾아내는 것이 정신분석가의 일이다.

There are always fundamental reasons for reactions that seem strange to others or that even oneself can't understand. It is the job for a psychoanalyst to find that reason.

558 미래는 우리가 창조해내는 것이기도 하지만, 반대로 미래가 우리를 만들기도 한다.

The future is something we're creating, that in turn creates us.

559 정신분석학자들은 과거가 현재에 숨 쉬고 있다는 말을 즐겨 한다. 하지만 나는 미래 역시 현재에 녹아 있다고 말하고 싶다.

Psychoanalysis love to say that the past is breathing in the present. But I want to say that the future is also fused in the present.

560 누구나 살다 보면 인생을 걷어 차버리고 싶을 때가 있다.

There are times that make us want to kick out our lives to everyone.

살아간다는 건 쉽지 않은 일이라고 그로스는 말한다. 삶이란 상실과 변화로 점철되어 있고, 그것에서 발생하는 슬픔을 감내해야 하기 때문이다.

그러나 그로스 박사는 인간이란 서로 부대끼며 많은 것들을 잃기도 하지만 얻기도 한다는 것, 그 모든 과정을 감사하는 마음으로 끌어안아야 한다고 강조한다. 이는 상실이 가져오는 허무와 슬픔을 우리가 삶의 또 다른 이면으로 받아들일 수 있게 만들기 때문이다.

PART 5

함께 사는 세상,
나만의 관계망 만들기

관계와 대화법에 대한 심리학 비밀

우리를 살 수 있게 하는 것은 기본적으로는 물질이지만 사람 간의 정(情)이 없으면 살 수 없습니다. 친구와 함께라면 기쁘면 더 기쁠 수 있고, 슬프면 치유 받을 수 있습니다. 좋은 친구 한 명이 수명을 연장시켜 준다는 연구보고도 있습니다. 숫자가 중요하진 않지만 친구의 공동체가 있다면 더 좋을 것입니다.

친구의 공동체를 만들기 위해서는 내가 먼저 친구의 자격을 갖추어야 합니다. 좋은 인성도 필요하고, 무엇보다 다른 사람에게 공감할 수 있어야 합니다. 내가 먼저 좋은 친구가 되면 좋은 친구들의 공동체를 만들 수 있습니다. 그리고 그 공동체를 유지하기 위한 끊임없는 노력도 필요합니다. 관계에 대한 노력에는 어떤 노력이 있는지 찾아본 심리학자들의 이야기를 소개합니다.

인간관계는 게임이다

- 에릭 번 -
Eric Berne, 1910~1970

"내 커프스단추 봤어?"란 물음에 "아니, 못 봤는데." 또는 "응, 서랍 옆에 있더라."라는 대답이 아닌 "아니, 이제 커프스 단추 없어진 것까지 내 탓이야?"라고 말하는 것은 대화상대가 상호보완적 교류가 아닌 교차 교류를 시행하여 게임을 시작했기 때문이다. 이것은 캐나다의 정신과 의사이자 교류분석의 창시자인 에릭 번의 저서 〈심리 게임: 교류 분석으로 읽는 인간의 뒷면(Games People Play: The Psychology of Human Relationships)〉의 도입부이다. 이 책은 인간이란 존재가 끝도 없이 되풀이하는 심리적 연극을 명쾌하고 재미있게 보여주는 심리 안내서이다.

번은 어떤 사람이 남 몰래 위안이나 만족을 얻으려고 사회적 소란을 일으키는 것을 게임이라고 부른다. 게임은 사회적 행위 가운데 상당히 복잡하고 고차원적인 행위인데, 대개의 경우 반복되며 겉으로는 그럴듯해도 속으로는 일종의 함정 혹은

속임수를 숨기고 있다.

561 인간의 삶이란 대체로 죽음 혹은 구원자가 찾아올 때까지 시간을 채우는 과정이며, 그 기나긴 기다림 속에서 어떤 종류의 교류를 할 것인지 선택할 여지도 매우 적다.

Human life is generally the process of filling time until the death or the savior comes, and there are only few choices for exchanges to make in the long wait.

562 자발성은 선택권을 의미하며, 모든 가능한 것 가운데서 자기감정을 선택하고 표현할 수 있는 자유를 말한다.

Spontaneity means option, the freedom to choose and express one's feelings from the assortment available.

563 게임은 언제나 부정직하며, 그 끝은 단순한 흥분과는 분명히 다른 극적인 속성이 있다.

The game is always dishonest, and its end is clearly a dramatic attribute that differs from mere excitement.

564 일상생활에서는 친밀감을 경험할 기회가 없고, 어떤 친밀감은 느끼는 것 자체가 많은 사람들에게 불가능하기 때문에, 사람들은 중요한 사회생활에서 대부분의 시간을

게임으로 때운다.

Because there is so little opportunity for intimacy in daily life, and because some forms of intimacy are psychologically impossible for most people, the bulk of time in serious social life is taken up with playing games.

565 사람들이 속임수를 쓰는 이유는 본인의 욕구를 스스로 대면하고, 타인에게 직접적으로 드러내기 싫어서이다.

Peoples cheat because they don't want to face their desires by themselves and don't want to show them directly to others.

566 착각하지 말라. 우리는 모두 게임을 하고 있을 뿐이다.

Don't be confused. We're all just playing games.

567 대부분의 사람들은 자신이 게임을 하고 있다는 사실조차 알지 못한 채, 무의식적으로 게임을 한다.

A lot of people play games unconsciously, without knowing what they are doing.

568 게임은 대개의 경우 반복되며 겉으로는 그럴듯해도 속으로는 일종의 함정 혹은 속임수를 숨기고 있는 행위이다. 게임을 하는 사람의 의도와 겉으로 드러나는 말과 행동

이 전혀 다르다는 것이다.

Games in most cases are repeated and specious concealing a kind of trap or trick. In other words, the intention and behavior of the players are completely different.

569 '게임'이라는 말 때문에 게임이 반드시 재미있거나, 심지어 즐기는 무엇인가를 의미한다고 생각해선 안 된다. 심리 게임은 때로 이혼이나 살인, 재판 같은 무서운 결과를 낳을 수도 있는 진지한 것이다.

You shouldn't think that the word 'game' necessarily means something fun or even something enjoyable. Psychological games are serious things that can sometimes lead to frightening consequences such as divorce, murder, or trial.

570 가장 무서운 게임은 바로 '전쟁'이다.

'War' is the scariest game.

아기가 엄마의 보살핌 없이 살 수 없듯이, 인간은 정서적 교류를 통해 보살핌과 인정을 받지 못하면 건강하게 살아갈 수 없다. 인정받고자 하는 무의식적 욕구가 게임을 만든다. 한 마디로 우리 인간은 모두 게임하는 동물이다.

1964년 처음 출간된 후 40여 년간 500만 부가 넘게 팔린 〈심리 게임〉은 남자와 여자가 주고받는 유혹 게임에서부터 사회 조직에서 벌어지는 권력 게임까지, 우리의 은밀하고도 사적인 삶을 지배하는 101가지 게임의 구조를 낱낱이 절개해 보여준다. 인간 행동에 대한 냉정한 관찰과 분석, 인간 본성에 대한 번뜩이는 직관은 이 책을 심리학의 고전으로 만들었으며, 일상생활에서 우리가 벌이는 게임을 이해하는 데 가장 중요한 고전 텍스트로서 지금까지 사랑받고 있다.

571 우리가 게임을 하는 이유는 게임에서 얻을 수 있는 '보상' 때문이다. 예를 들어, 남의 집에 초대받아 가서 끊임없이 온갖 사고를 치고 사과만 해대는 '얼간이' 게임은 사과를 함으로써 상대로부터 강제로 용서를 얻어내는 것이 목적이다.

The reason we play the game is because of the 'payoff' we can get from the game. For example, the 'fool' game, in which people are invited to other people's homes and constantly make accidents and apologize, aims to get forgiveness from their others by apologizing.

572 그렇다면 인간이란 동물은 거짓 관계밖에 맺지 못하는 것일까? 그렇지 않다. 게임을 벗어난 진짜 관계를 맺는

것은 가능하다.

Then are humans animals that are only able to have false relationships? Not really. It is possible to have a real relationship outside the game.

573 게임이라는 공허한 교류를 통해 우리가 얻는 것은 다른 사람과 관계 맺음 없이 홀로 버텨야 할 빈 시간을 쉽게 메울 수 있다는 것이다.

What we gain from the empty exchange called game is that we can easily fill the free time that we have to endure alone without having any relationship with others.

574 아무리 성격 구조가 불안정한 사람일지라도 더 나은 관계를 맺을 수 있는 상대를 만나기만 하면 자신이 하던 게임을 마음 놓고 기꺼이 포기할 수 있다.

No matter how unstable personality structure a person has, he is willing to give up the game he was playing with ease as long as he meets someone who can have a better relationship with him.

575 "저는 그저 도와드리려는 것뿐입니다." 게임은 상담자들이 상담에 실패하거나 벽에 부딪쳤을 때 습관적으로 내

뱉을 수 있는 말이다. 하지만 이러한 반응을 결국 상담자를 곤란한 처지에 놓이고 상황을 악화되게 만드는 것이다.

"I'm just trying to help" is a word that counselors can habitually spit out when they fail to consult or hit a wall. However, this reaction ultimately puts the counselor in a difficult position and makes the situation worse.

576 '좋은' 게임이란 복잡한 동기를 넘어서서 사회에 기여하는 것으로 '휴가 반납', '기사도', '자선', '소박한 현자', '원수를 은혜로 갚기' 게임 등이 있다.

‘Good’ games are what beyond complex motivations and contribute to society such as ‘Giving up Vacation’, ‘Chivalry’, ‘Charity’, ‘Humble Wise men’, and ‘Returning Good for Evil’.

577 친밀감은 아이의 타고난 기능이며 부모의 영향에 적응하는 과정에서 잃게 되지만, 인간은 부모의 가르침 가운데 어떤 부분을 취할 것인지를 선택할 결정권이 있다.

Intimacy is a natural function of a child and is lost in the process of adapting to the parents' influence, but humans have the right to choose which part of the parent's teachings to take.

578 자각과 자발성, 친밀감을 획득해 스스로 자율적 인간이
되다면 게임 없는 진짜 관계를 맺을 수 있다.

If you become autonomous by yourself through acquiring
awareness, spontaneity, and intimacy, you can have a true
relationship without games.

579 친밀함을 회복하기 위해서는 사회적 경험으로 얻은 모든
외적 지식을 벗어던지고 내면에 솔직해야 한다. 솔직해야
만 어루만짐이 오고간다.

To recover intimacy, one must throw off all external know-
ledge gained from social experience and be honest to inner
self. Honesty is the only way to make intimacy come and go.

580 우리는 왜곡된 내면의 표출인 게임보다는 친밀한 교류를
반복해야 한다.

We should repeat intimate exchanges rather than games that
are expression of distorted inner world.

다른 사람이 공격적으로 이야기하면 우리도 공격적으로
받아치게 된다. 자기방어에 자기방어로 맞서는 것이다. 가까운
사람에게는 감정까지 많이 실리게 되기 때문에 후폭풍이 심하
다. 한동안 관계가 나빠지거나 심하면 아예 관계가 단절될 수

도 있다. 이처럼 공격적인 말에 공격적으로 대응하는 것은 서로에게 매우 나쁜 결과를 초래하는 것이다.

다른 사람에게 나쁜 말을 듣더라도 바로 대응하거나 감정을 일으키면 서로가 원치 않는 결과가 일어난다. 아무 반응 없이 말하는 그대로 들어주면 나쁜 말을 계속해서 쏟아낼 사람은 없다. 번이 말하고자 하는 것은 결국 '솔직한 관계'이다. 우리가 자기 방어적인 태도와 '심리 게임'을 버리고 서로에게 솔직해진다면, 더 이상 인간관계가 공허하게 느껴지지 않을 것이다.

우리는 삶을
연기한다

– 어빙 고프만 –
Erving Goffman, 1922~1982

사람과의 관계에서 화를 부르는 것은 대부분 우리의 '입'이다. 말할 것도 없이 커뮤니케이션이 주로 말로써 이루어지기 때문이다. 인간관계가 좋다는 것은 결국 말을 잘 한다는 뜻이기도 하다. 하지만 이런 중요성만큼 입을 관리하지 못하고 있다. 가장 가까운 사람에게조차 말로써 상처를 입히고 불편한 관계를 만드는 일이 많다. 심지어 말 이외에 다른 방법으로 자기도 모르게 감정을 드러낼 때가 있다.

캐나다와 미국의 사회학자이자 사회심리학자인 어빙 고프만은 다양한 직업 현장과 조직, 정신병동과 도박장, 거리와 파티의 상호작용, 스파이와 사기꾼들의 세계를 특유의 통찰력으로 관찰하고 분석하여 인간의 소통 방식과 '연극성(hysterical; 히스테리성)'을 찾아냈다. 그의 말에 따르면, 우리의 삶은 무대 앞과 무대 뒤로 나뉘는 것이다.

581 사람들은 모두 다른 이들의 반응을 염두에 두고 통제하려들며 스스로를 연출한다.

People mind the responses of others and try to control them through acting themselves.

582 서비스 직종에서 일하는 사람들의 업무 적응 능력은 대체로 서비스 거래 관계에서 주도권을 잡고 유지하는 능력에 달려 있다.

The capacity to adapt in the work for people working in service occupations depends largely on their ability to take and maintain the initiative in the relation of service transaction.

583 사람들은 한 극단에서 시작해 다른 극단으로 이동하며 삶의 여정을 마무리하는 경향이 있다.

People tend to end their journey of life by moving from one extreme to another.

584 사람(person)이라는 단어의 첫 번째 뜻이 '가면(persona)' 이라는 게 역사적 우연만은 아닐 것이다.

It is probably no mere historical accident that the word person, in its first meaning, is a 'mask(persona)'.

585 우리는 역할을 통해 서로를 안다. 우리 스스로를 아는 것도 역할을 통해서다.

We understand each other through roles. We also understand ourselves through roles.

586 역할에 맞는 행동을 하려고 분투하면서 우리가 구축해 온 스스로에 대한 관념을 가면이라 한다면, 가면은 우리 의 참자아, 우리가 되고 싶어 하는 자아이다.

If we call a self-conception that we have built through struggles acting our role a mask, the mask is a true self, a self that we want to be.

587 만약 우리가 본래의 자신보다 조금이라도 더 좋은 모습 을 보이려고 노력하지 않는다면, 어떻게 우리가 '외부 요 소를 내면화해 자기를 단련하고' 더 나은 사람이 될 수 있겠는가?

If we ever tried to seem a little better than we are, how could we improve or 'train ourselves from outside inward'?

588 우리는 인간으로서 기분과 에너지에 따라 시시때때로 변 하는 다양한 충동을 지닌 존재다. 그러나 우리가 관객 앞에 등장인물로 나설 때는 충동에 휘둘리지 말아야 한

다. 공연의 표현은 일관성을 필요로 하기 때문이다.

We have various impulses that change from time to time depending on mood and energy as human beings. But when we appear in front of the audience as a character, we should not be swayed by such impulse. Because the expression of a performance requires consistency.

589 우리는 의사나 성직자처럼 성스러운 지위의 사칭은 의사소통에 관한 용서받지 못할 범죄로 여기면서, 부랑자나 막노동꾼처럼 냉대를 당하는 지위를 사칭하면 신경 쓰지 않는다.

While it is felt to be an inexcusable crime against communication to impersonate someone of sacred status, such as a doctor or a priest, we are often less concerned when someone impersonates a member of a disesteemed, non-crucial, profane status, such as that of a hobo or unskilled worker.

590 '공공연하고', '노골적이며' 뻔뻔한 거짓말이란, 발설한 당사자가 거짓인 줄 알면서 의도적으로 말한 증거가 명백한 거짓말을 가리킨다.

An 'open', 'explicit', and shameless lie refers to a lie in which there is a clear evidence that a person told the lie intentionally, knowing it is not true.

　고프만은 우리의 일상적 삶은 세상이라는 무대에서 다른 사람들과 상호작용하면서 자아를 연출하는 공연과 같다는 관점을 제시한다. 고프만은 우리에게 익숙한 일상적 삶을 현미경으로 들여다보듯 꼼꼼하게 관찰하고, 우리가 당연히 받아들이는 미세한 삶의 모습을 날카로운 통찰력으로 치밀하게 분석해낸다.

　그의 저서 〈자아 연출의 사회학(The Presentation of Self in Everyday Life)〉은 고프만이 처음 집필한, 가장 유명한 책으로, 그는 이 책으로 1961년에 미국사회학협회의 매키버 상을 수여받았다. 또한 1998년, 국제사회학협회는 그의 책을 '20세기 가장 중요한 사회학 도서 10선'의 목록에 올렸다.

591　개인은 스스로의 관객일 수 있고, 관객이 눈앞에 있다고 상상할 수 있다. 우리의 양심은 스스로를 관객으로서 바라보는 것에서 출발한다.

　　Individuals can be their own audiences, and they can imagine that audiences is in front of their eyes. Our conscience starts by looking at ourselves as an audience.

592 사람에게는 '뒷무대'가 존재한다. 그것은 철저히 사적인 영역으로 존중받아 마땅하다고 여겨진다.

There is a 'backstage' for people. It is completely a private area that is considered to deserve respect.

593 누구에게나 비밀이 있다. 당연하게도, 사람은 비밀을 보장해 줄 가능성이 높은 사람에게 비밀을 털어놓게 된다.

Everyone has a secret. Of course, people tell their secrets to someone who is likely to keep them.

594 믿을 수 있는 친구는 이야기를 들려주는 사람에 대한 우정과 신뢰, 상대의 감정을 존중해서 이야기를 들어줄 뿐, 수고비는 받지 않는다.

A reliable friend is who listens to stories with friendship, trust, and respect for feelings of others, but doesn't receive any fees.

595 우리는 배신자, 변절자가 되기를 두려워하면 안 된다.

We should not be afraid to be traitors or apostates.

596 자아는 공연의 결과물이며, 원인이 아니다. 그러니까 공연된 자아란 태어나고 성장하고 죽어갈 운명을 지닌 유

기체에 속하는 것이 아니라 연출된 무대에서 실현되는 효과이다.

The self, as a performed character, is not an organic thing whose fundamental fate is to be born, to mature, and to die; it is a dramatic effect arising diffusely from a scene that is presented.

597 대화에 성공하기 위한 첫째 요건은 상대가 어떤 사람인지 아는 것이다.

The first requisite for successful conversation is to know your company well.

598 경청하는 것처럼 보이고 싶은 학생은 눈으로 선생을 응시하고, 귀는 사방으로 열어둔다. 그렇게 경청하는 학생 연기를 하느라고 진을 뺀 나머지 그는 결국 아무것도 듣지 못한다.

A student who wants to appear to be listening courteously stares at the teacher with his eyes, and leaves his ears open in all directions. He gets exhausted of acting, and eventually he doesn't hear anything.

599 완벽하게 거짓임에도 성공하는 공연이 있고, 완벽하게 정

직해서 성공하는 공연이 있다.

There are performances that are perfectly false but succeed, and there are performances that are perfectly honest and succeed.

600 우리의 일상적 삶은 세상이라는 무대에서 다른 사람들과 상호작용하면서 자아를 연출하는 공연과 같다.

Our daily life is like performance that creates character by interacting with others on the stage called the world.

상대방에게 좋은 말을 듣지 못했을 때 받아 치는 것은 자아방어본능 때문이다. 쓸데없이 자기자랑을 내놓는 것은 자아과시본능 때문이다. 하지만 어떤 것도 인간관계에서 좋은 결과를 가져오지 못한다. 좋은 인간관계는 내가 먼저 좋은 말을 하고 상대방의 말을 좋게 받아들임으로써 만들어진다.

아무리 사적인 영역이라고 하더라도 사람과 더불어 살아가기 위해서는 기본적인 예의와 존중을 갖춰야 한다. 위선은 나쁘지만 연기는 나쁜 것도, 거짓도 아니다. 우리는 매순간 타인 앞에서 배우처럼 연기하며 살아가고 있다.

가까울수록
쉽게 사랑에 빠진다

– 해리 할로 –
Harry F. Harlow, 1905~1981

"사람은 밥만으로는 살 수 없다."라는 말이 있다. 물론 목숨을 연명하는 것을 사는 것이라고 정의한다면 밥만으로도 살 수 있겠지만, 누구도 그러한 것을 '살아간다.'라고는 하지 않는다. 이것은 동물에게도 마찬가지로 적용된다. 갇혀 지내는 새나 기타 애완동물들의 수명이 짧은 것도 그들이 밥만으로는 살 수 없기 때문이다.

그러면 무엇이 더 필요할까? 해리 할로라는 과학자는 원숭이를 이용한 실험으로 이 의문을 풀어내게 된다. 연구의 목적은 갓 태어난 새끼 원숭이가 어미와의 신체적 접촉에 어떻게 반응하는지 알아보는 것이었다. 그리고 가장 궁극적인 '사랑'에 대해 알아보기 위한 연구였다.

601 새끼 원숭이는 젖이 나오는 딱딱한 기계보다 젖이 말랐지만 따뜻한 어미의 품을 필요로 한다. 그러므로 인간이

우유만으로 살 수 없는 것은 당연하다.

The baby monkey needs a warm mother's embraced without milk more than a hard machine with milk. Thus it is certain that man cannot live by milk alone.

602 우리는 어떠한 역경이 있어도 다리를 세울 것이다. 그대와 나를 잇는 다리를 말이다.

We will build a bridge against all odds. The bridge that connects you and me.

603 인간은 단순한 허기 이상의 것을 원하고, 어떠한 희생을 치르더라도 다른 사람과 연결되고자 한다.

Humans have drives more than just a hunger, and they want to be connected to others at any cost.

604 우리는 상투적인 아름다움보다는 맨 처음 본 얼굴을 가장 사랑스러운 얼굴로 여긴다.

We find the first face we see as the most beautiful than conventional beauty.

605 사랑은 불가사의하다. 그것은 깊고, 부드러우며, 보상을 준다.

Love is a wondrous state, deep, tender and rewarding.

606 심리학자인 우리가 맡은 임무는 인간과 동물의 모든 행동을 분석하고 구성 요소를 알아내는 것이다.

Our assigned mission as psychologists is to analyze all facets of human and animal behavior into their component variables.

607 사랑에 작용하는 변수는 세 가지이다. 스킨십과 움직임, 그리고 놀이다.

There are three variables that affect love. Physical affection, movement, and game.

608 이제 우리는 노동자 계급의 여성들이 포유류로서의 원초적 능력 때문에 집에 있을 필요가 없다는 것을 알게 되었다.

We now know that women in the working classes are not needed in the home because of their primary mammalian abilities.

609 인간관계의 비정상적인 결핍은 정상적으로 성장하는 데 있어 가장 강력한 동기 유발이 될 수 있는 부분을 진공 상태로 만들어 버렸다.

Abnormal lack of human relationships has left the most powerful motivations for normal growth vacuumed.

610 안정은 자신을 능숙하게 조절하는 사람들을 찾고 그들 곁에 머무는 것을 의미한다.

Being stable means finding people who skillfully control themselves and staying beside them.

사실 초기에 심리학을 연구하던 과학자들에게는 사랑이라는 것은 이상하게도 전혀 관심을 둘만한 주제가 아니었다. 이 실험은 동물을 이용하여 '사랑'의 본질에 접근한 최초의 실험이라고 할 수 있다.

이 실험을 할 당시 미국의 육아환경은 상당히 경직되어 있었다. 아이는 당연히 아이 방에서 따로 재웠으며, 시간에 맞춰 우유를 주고 아이가 운다고 안아주면 나약한 아이가 된다고 생각하여 안아주지 말아야 한다는 생각이 지배했던 시기였다. 할로는 이러한 관념을 깨부수는 실험을 했던 것이다. 이 실험 결과는 미국의 육아법에 커다란 영향을 미쳤으며 이것이 계속 이어져 현대의 육아법이 탄생하게 된다.

611 성장하는 생물에서 필수 영양소의 결핍이 나타나듯, 정

서적 삶에 있어서 결핍증이 나타날 가능성을 생각해 볼
수 있지 않을까?

Like the lack of essential nutrients in growing organisms,
wouldn't it be possible for an emotional life to have deficiency?

612 부모는 자녀에 대한 '사랑의 기술'을 배우고 익힐 필요가
있다.

Parents should learn and practice 'the art of love' for their
children.

613 우리는 문제를 해결한 것일까, 아니면 그저 구멍 위에 헝
겊을 대고 기운 것일까? 대답은, 적어도 일부 사례에서는
문제점 위에 땜질을 한 것이라고 생각한다.

Did we solve the problem, or did we just bend the cloth over
the hole? The answer is, we patched together a problem at
least in some cases.

614 유아기의 따뜻한 신체 접촉은 건강한 성인으로 성장하
는 데 반드시 필요하다.

Warm physical contact in infancy is essential to grow into a
healthy adult.

615 사랑에 관한 많지 않은 지식은 그나마 관찰에 의한 것들
이다. 또한 사랑에 관한 많지 않은 글은 그나마 시인이나
소설가들이 쓴 것이다.

The little we know about love does not transcend simple
observation, and the little we write about it has been written
better by poets and novelists.

616 우리는 가장 처음 본 사람의 얼굴을 아름답다고 여기고,
가장 가깝고 자주 접촉한 사람에게 사랑을 느끼게 된다.

We find the first face we see as the most beautiful and we feel
love for the person who is the closest and is in frequent contact
with us.

617 노력해도 성공하지 않는 구조에 빠져버리면 우울증에 걸
리게 된다.

If you are in structure that you work hard but can't succeed,
you get depression.

618 따뜻한 애정과 신체적 접촉이야말로 아이들을 건강하게
길러낼 수 있는 필수조건이다.

Warm affection and physical contact are necessary to raise
healthy children.

619 새끼 원숭이들은 위협을 당하게 되더라도 가짜 어미의 품을 떠나지 않았다.

The baby monkeys would not leave the fake mother's arms even when threatened.

620 사랑은 물질적 보상으로 주어지는 것이 아닌, 신체 접촉을 통해 주어지는 것이다.

Love is not given as a material reward, but through physical contact.

그의 말에 따르면, 사람이 사랑에 빠지는 것과 보편적인 미의 기준은 상관없다고 한다. '저 사람은 아름답다.'라고 생각하는 것과 '나는 저 사람을 사랑한다.'는 다르다는 것이다. 우리는 가깝고 익숙하고 마음에 평온을 가져다주는 존재에 더 쉽게 사랑에 빠진다. 진정한 사랑이란 그런 것이다.

또한 사람은 어렸을 때 타인으로부터 마음의 위안을 받고 충분히 놀아야 건강한 어른으로 자란다는 사실 또한 할로가 밝혀냈다. 우리는 사랑 없이 온전히 성장할 수 없다. 그리고 그 사랑은 물질적인 것이 아니라 몸과 몸의 접촉, 마음과 마음의 교류인 것이다.

잉꼬부부로 사는 법

— 존 가트맨 —

John Mordecai Gottman, 1942~

평범한 사람이 이 세상을 떠날 때 남길 수 있는 위대한 유산이 과연 무엇일까? 바로 자녀들이다. 인류가 발전하고 세대를 이어갈 수 있는 것은 새 생명의 탄생 때문이다. 아무리 문명을 발전시켜도 사람이 없다면 그 순간 모든 것은 끝나 버린다. 신의 위대한 창조물을 우리의 몸을 빌어 세상에 보내진 소중한 생명이 우리의 자녀들이다. 소중한 가족을 지키고, 건강한 사람으로 키우려면 무엇을 생각해야 할까?

미국의 심리학 명예 교수인 존 가트맨은 부부의 안정적 관계만이 가정의 행복을 지킬 수 있다고 했다. 그는 결혼 안정과 이혼을 예측할 수 있는 다양한 모델, 척도 및 공식을 개발했으며 이 분야에서 7가지 연구를 완료했다. 가트맨은 부부싸움이 왜 일어나는지, 근본적으로 무엇을 바꿔야 행복한 가정을 유지할 수 있는지 연구했고, 지난 20세기의 가장 영향력 있는 10명의 치료사 중 한 명으로 2007년에 인정받았다.

621 당신이 아이에게 줄 수 있는 가장 큰 선물은 부부간의 행복하고 건강한 관계이다.

The greatest gift you can give your child is a strong relationship between you and your partner.

622 부부싸움은 자연스러운 일이다. 하지만 부부싸움을 파괴적으로 하지 말고 건설적으로 해야 배우자를 이해하는 데 도움이 될 것이다.

Couple fights are natural. But, don't do them destructively but constructively to help you understand your partner.

623 식사 시간에 문제에 대해 토의하지 말라. 식사 중의 싸움은 우리를 격분시킨다.

Don't discuss the problem in mealtime. Fighting during meals infuriates us.

624 아이들이 4세쯤 되면 가벼운 의견 불일치를 아이들 앞에서 보여줘도 된다. 그러나 아이들은 우리가 화해하는 것도 보아야 한다.

When your children are about four, you can show a slight disagreement in front of them. You should also show your children making settlement.

625 방어란 우리가 비난 받았다고 느낄 때 되받아치고 싶어지는 말투이다. 방어적인 말투는 관계를 해칠 가능성이 높다.

Defense is the way of speaking we want to react when we feel we are criticized. Defensive way of speaking is likely to hurt the relationship.

626 상대의 결점을 지적함으로써 상대의 성격을 전면적으로 공격하는 비난보다 우리의 기분을 말하고 상황을 중립적으로 묘사하는 불평이 필요하다.

Rather than criticizing the partner's character entirely by pointing out his faults, we better complain about how we feel and describe the situation in a neutral manner.

627 호감과 존중은 밖으로 표출될 때 비로소 가정을 화목하게 만들어준다.

Favor and respect make the family happy only when expressed outside.

628 자신의 관점을 말하기 전에 상대의 관점을 상대가 만족할 때까지 말할 수 있어야 한다.

Before you speak your point of view, you should be able

to speak your partner's point of view until your partner is satisfied.

629 상대의 입장과 의견을 충분히 되뇌어 주지 않으면 설득할 수 없다.

You can't persuade until you repeat your partner's position and opinions over and over enough.

630 상대에게 '하지 말 것'보다 '할 것'을 말하는 편이 통할 확률이 높아진다.

It's more likely to be understood by your partner when you talk about what he 'should do' than what he 'shouldn't do'.

그는 연구결과를 바탕으로 부부치료를 개발하였다. 이 치료는 서로에 대한 존중, 애정, 친밀감을 발달시키고, 갈등을 해결하고, 서로에 대한 이해심을 향상시키는 것과, 갈등을 평온하게 해결하는 것을 목표로 한다. 가트맨의 부부상담에서는 부부가 더 행복하고 안정적 결혼생활을 하도록 돕는다. 가트맨의 부부치료는 결혼생활 중 갈등을 조정하고, 처리하는 방법에 초점을 맞추고 있다.

부부생활은 곧 사회생활이다. 그의 치료법은 사람과 사람

사이에 일어나는 '회피', '경멸' 등의 문제를 어떻게 말로 풀어나갈지 차근차근 알려준다.

631 배우자의 민감한 부분에 마음을 쓰면서도 욕구를 명확하게 말할 수 있으면, 날카로운 말들을 피하는 대신 배려하는 대화를 할 수 있다.

If you can speak clearly about your needs while caring about what your partner is sensitive about, you can make a considerate conversation instead of avoiding sharp words.

632 배우자를 선택할 때 우리는 둘 관계에서 벌어질 문제들 또한 선택하는 것이다.

When choosing a partner, we also choose the problems that will arise between the relationship.

633 배우자의 부족함에도 불구하고 배우자를 수용한다는 것은 우리의 영속적 문제에 대해 대화할 수 있는 열쇠이다.

Accepting a partner despite his inadequacies is the key to a conversation about our permanent problems.

634 상대의 영향력을 받아들이지 않는 한 당신의 영향력을 미칠 수 없다.

You can't influence your partner unless you accept his influence.

635 우리가 연구했던 부모가 되는 과정의 달인들은 소중한 지혜의 황금 덩어리를 지녔다. 그들은 우정을 귀중한 금 괴처럼 다루었다.

The masters of the process of becoming the parents we studied had a golden mass of precious wisdom. They treated friendship like precious gold bars.

636 배우자가 자신의 욕구를 말하거나 관심을 끌려고 하는 그 작은 순간이 모두 우정을 유지하는 데 믿을 수 없을 정도로 중요한 것이다.

All those little moments that your partner tries to speak his needs or to attract attention are incredibly important in maintaining friendship.

637 다가가는 모든 순간들이 관계에 있어서는 투자이며, 그 것은 그 무게만큼의 가치가 있다.

Every moment you approach is an investment in a relationship, and it's worth its weight.

638 배우자의 소망을 채워주는 것은 우리의 두 길이 하나로 합쳐지도록 길을 닦아준다.

Fulfilling your partner's wishes paves the way for your two paths to become one.

639 남편이 더 다정하고 반응적인 아빠일 때, 아내들은 더 행복하고 아내들의 부모 역할도 더 빛난다.

When husbands are more loving and reactive father, wives are happier and their role as parents shine more.

640 가정의 따뜻함으로 행복한 결혼이라는 빵을 구워라.

Bake the bread of happy marriage with the warmth of home.

가족이 건강하게 성장하게 해 주는 최고의 영양분은 사랑이다. 사람들은 이렇게 당연한 사실을 쉽게 잊어버리고 만다. 그래서 우리는 자주 돌아보아야 한다. 나도 모르는 사이 내 반려자를 무시하고 있지는 않은가? 가족은 우리의 인생에서 그 무엇보다 중요한 우선순위이다. 우리의 아내 혹은 남편은 인생의 동반자이다.

가트맨은 지금까지 200여 편의 논문을 발표했으며, 대중 저서로는 공저로 베스트셀러 〈부부를 위한 사랑의 기술(10

Lessons to Transform Your Marriage)〉, 〈우리 아이를 위한 부부 사랑의 기술(And Baby Makes Three)〉, 〈그녀를 모르는 그에게(The Man's Guide To Women)〉 등 40여 권이 있다. 부모가 되는 것은 어려운 일이다. 부모도 부모 공부가 필요하다. 잘못된 소통 방법으로 부부 싸움이 계속 된다면, 가트맨 박사의 저서를 추천하는 바이다.

즐거운 창의성이
인생을 뒤집는다

- 미하이 칙센트미하이 -

Mihaly Csikszentmihalyi, 1934~

고통을 극복하고 새로운 성취를 이룰 때 우리의 뇌에서는 도파민이란 호르몬이 분비된다. 이는 쾌감을 만들어내는 뇌 내 물질로 큰 고통을 극복했을 때 더 많이 분비된다. 그래서 이를 경험한 사람들은 더 강도 높은 고통을 마다하지 않는다. 운동선수나 예술가뿐만 아니라 공부하는 학생도 이런 과정을 기꺼이 즐기고 이를 통해 더 높은 성취를 이루어 간다.

헝가리의 심리학자 미하이 칙센트미하이는 인간이 왜 몰입(집중)에서 행복을 찾는지, 창의성이 우리 인생에 어떤 영향을 미치는지 연구했다. 그의 말에 따르면, 우리는 취미가 아닌 일을 해야 성취감과 행복을 찾을 수 있다고 한다. 힘들지만 버겁지 않은, 기꺼이 해낼 수 있는 '도전 과제' 이후에 느끼는 만족감이 있기 때문이다.

641 진정한 창의성은 자신이 속한 분야의 영역과 기술을 완

전히 통달한 후에 얻어진다.

True creativity can be gained after complete mastery of the domain and skills of the field where you belong.

642 진실로 창의적인 업적은 어둠에서 백열등이 켜지듯 한 순간의 식견에서 비롯되지 않으며 수년간 지속된 노력의 산물이다.

A genuinely creative accomplishment is almost never the result of a sudden insight, a lightbulb flashing on in the dark, but comes after years of hard work.

643 인간의 유전자 구조는 침팬지와 98퍼센트 일치한다. 아마도 인간에게 창의성이 없었다면 침팬지와 구분하기 어려웠을 것이다.

The gene structure of humans is 98 percent identical with chimpanzees. Perhaps without creativity, it would have been difficult to distinguish humans from chimpanzees.

644 삶은 행동하고 느끼고 생각하는 것, 다시 말해서 경험이다. 그런데 경험은 시간 속에서 이루어지므로 시간은 아주 귀중한 자산이다.

Life is about acting, feeling, and thinking, in other words, experience. Time is a very valuable asset because experience takes place in time.

645 세월의 흐름 속에서 삶의 질을 결정하는 것은 경험의 내용이다. 그러므로 자신의 시간을 어떻게 할당하고 투자할 것인가를 지혜롭게 결정하는 것은 누구에게나 중요하다.

It is the content of experience to determine the quality of life through time. Therefore, it is important for everyone to decide how to allocate and invest their time wisely.

646 몰입은 쉽지는 않지만 그렇다고 아주 버겁지도 않은 과제를 극복하는 데 한 사람이 자신의 실력을 온통 쏟아부을 때 나타나는 현상이다.

Flow also happens when a person's skills are fully involved in overcoming a challenge that is just about manageable.

647 타오르는 호기심과 왕성한 흥미가 없다면 중대한 새로운 발견을 할 만큼 오랫동안 인내할 수가 없다.

Without a burning curiosity, we are unlikely to persevere long to make significant new contributions.

648 단지 돈을 벌고 유명해지고자 하는 욕심으로 움직이는

사람은 어렵사리 일을 진행할 수는 있겠지만, 필요한 정도 이상으로 일하고 미지의 세상에 도전하는 모험을 할 만큼 충분한 의욕을 느끼지 못한다.

A man driven only by his desire to earn money and become famous may be able to proceed with his work, but he is not motivated enough to work more than necessary and venture into the unknown.

649 창의적인 일에는 끝이 있을 수 없다. 우리가 인터뷰한 모든 사람들은 잠시도 쉬지 않고 일했으며, 평생 하루도 일하지 않은 날이 없다고 했다.

There is no end to creative work. Everyone we interviewed said they worked without a break, and there was not a day in their lives that they didn't work.

650 비록 새로운 화학원소를 발견하거나 위대한 소설을 쓰지는 못한다고 해도 창조과정을 사랑하는 것 자체는 누구나 할 수 있는 일이다.

Even if we don't have the good fortune to discover a new chemical element or write a great story, the love of the creative process for its own sake is available to anyone.

칙센트미하이는 세계적인 석학이자 베스트셀러 저자로, 긍정심리학의 아버지로도 불린다. 몰입의 개념을 일반 대중에 소개한 중대한 연구 성과인 〈몰입(Flow)〉은 〈뉴욕타임스〉 베스트셀러에 올랐다. 그는 시카고 대학 심리학과를 이끈 경력이 있으며, 이후 클레어몬트 대학원에 '삶의 질 연구센터'를 설립했다. 빌 클린턴 전 미국 대통령, 토니 블레어 전 영국 총리 등이 칙센트미하이 박사의 연구에 영향을 받은 것으로 알려졌다.

그는 '인간은 언제 가장 행복할까'라는 문제에 대한 답을 찾기 위해 심리학 지식과 방법을 적용해 보았다. "행복은 우연히 찾아오지 않는다." 행복은 우리가 준비해야 하고, 사라지거나 빼앗기지 않도록 스스로 지켜내기도 해야 하는 것이다. 즉 그의 말에 따르면, 자기 내면의 경험을 조절할 수 있는 사람은 삶의 질을 결정할 능력이 있는 것이다. "마음을 어떻게 다루느냐에 따라 삶의 질이 달라진다."

651 창의성은 "우리는 왜 살고 있는가?"라는 질문에 대한 답이 될 수 있다. 왜냐하면 창의성은 우리에게 가장 활기찬 삶의 모델을 제공해 주기 때문이다.

Creativity can be the answer to the question: "Why do we live?" Because creativity provides us the most vibrant model of life.

652 인간에게 창의성이 없다면 세상은 지금과는 매우 다른 곳이 되었을 것이다. 여전히 우리는 유전자의 지시에 따라 행동할 것이고, 살아가면서 배우는 모든 것은 우리가 죽는 순간 잊힐 것이다.

The world would be a very different place if it were not for creativity. We would still act according to the few clear instructions our genes contain, and anything learned in the course of our lives would be forgotten after our death.

653 창의성은 인간의 삶에 있어 대단히 중요한 의미를 갖는다. 창의성이야말로 인간을 가장 인갑답게 만드는 가장 근본적인 원인이 되기 때문이다.

Creativity has a very important meaning in human's life. Because creativity is the most fundamental cause what makes human the most human.

654 몰입하는 순간은 행복하지 않다. 하지만 몰입에 뒤이어 오는 행복감은 스스로의 힘으로 만든 것이어서 우리의 의식을 그만큼 고양시키고 성숙시킨다.

We are not happy in the moment we immerse. However, the sense of happiness that follows immersion is made by our own strength to enhance and mature our consciousness.

655 아주 뛰어난 실력이 요구되는 까다로운 상황에서 집중력과 창조성, 만족감이 높아지는 현상은 집보다는 직장에서 더 자주 보고되고 있다.

More attention, creativity, and satisfaction in tricky situations where excellent performances are required were reported more often at work than at home.

656 집에서 혼자 있거나 가족과 시간을 보낼 때는 명확한 목표라고 할 만한 게 없다. 자기가 일을 제대로 했는지, 산만하지는 않은지, 자신의 실력이 달리는 건 아닌지 확인할 길이 없다 보니 따분해지게 마련이고 때로는 불안마저 느낀다.

People often lack a clear purpose when spending time at home with the family or alone. There is no way to check whether they have done their job properly, whether they are distracted, or whether they are running out of skills, so they get bored and sometimes you feel anxious.

657 자진해서 원하는 일을 늘려야 한다. 무엇을 원한다는 사소한 마음의 움직임이 집중력을 높이고 의식을 명료하게 만들며 내면의 조화를 이루어낸다.

We should voluntarily increase the works we want. The

trivial movement of the mind of wanting something increases concentration and makes our mind clear and harmonious.

658 몰입이 오랜 시간에 걸쳐 지속적으로 반복해서 나타나게 되면, 그 경험을 한 사람은 독특한 개성과 능력을 갖춤과 동시에 조직에서 반드시 필요한 인물이 된다.

If an immersion continues to appear repeatedly through time, the person who has experienced it becomes a necessary person in the organization having a unique personality and ability.

659 '창의적'이라고 불릴 만한 아이디어나 업적은 단순히 한 개인의 머리에서 나오는 업적이 아닌, 여러 조건이 어우러져서 빚어내는 상승작용의 결과이자, 체계의 상호작용이다.

Ideas or achievements that might be called 'creative' are not just achievements from a person's head, but the result of synergy with combination of conditions and the interaction of the system.

660 정말로 창의적인 사람은 사람을 바라보고, 이해하고, 인식하고, 무엇을 행할 때의 방식을 근본적으로 뒤바꿔놓는 능력을 지녔다.

Truly creative people have a capacity to change the fundamental way we see, understand, appreciate or do things.

또한 칙센트미하이는 창의성을 인간의 아주 중요한 요소라고 말했다. 창의성이야말로 인간과 침팬지를 구분하는 중요한 뇌의 기능이라고 그는 말한다. 혁신적인 발견, 위대한 예술 작품이 아니더라도 인생에서 발휘할 수 있는 소소한 창의성은 우리에게 값진 경험과 인생을 선물한다.

뇌는 고통을 극복하면서 발전한다. 그때마다 새로운 신경 세포가 형성되어 새로운 차원의 사고가 가능해지는 것이다. 뇌가 부담이나 고통을 느끼지 않는다면, 일상이 반복되는 무료한 삶을 살고 있는 것이다. 새로운 생각도 없고 기쁨도 즐거움도 없는 생활이다. 칙센트미하이 박사는 우리에게 힘든 일, 도전 의식과 창의성을 발휘할만한 일에 도전해 보는 것을 추천한다. 그것이 우리의 뇌가 바라는 일일 것이다.

5·6
설득하는 심리학

– 로버트 치알디니 –
Robert B. Cialdini, 1945~

　우리는 살면서 다른 사람을 설득해야 하는 상황과 자주 부딪힌다. 회사에 취직하기 위해 면접을 보는 것도 자신을 뽑아야 할 이유를 들어 회사를 상대로 설득하는 것이다. 다른 사람에게 무언가를 부탁하거나, 설득하는 것은 쉬운 일이 아니다. 부탁이 거절당하면 그로 인해 다른 사람과의 관계가 틀어질 수도 있기 때문에 두려운 것이다.

　그런데 세상에는 혼자의 힘만으론 이룰 수 있는 것이 많지 않다. 이에 대해 미국의 심리마케팅학과 교수인 로버트 치알디니는 우리가 서로를 과대평가, 과소평가하고 있다고 말했다. 부탁하는 쪽은 성공의 가능성을 과소평가하고, 부탁받는 쪽은 상대의 부탁을 과대평가하는 것이다. 그의 저서 〈설득의 심리학(The Small Big)〉에서는 많은 사례—주로 마케팅이나 설득 전략에 대한—가 흥미롭게 제시된다.

661 사람들이 결정을 내리도록 이끄는 것은 현상 그대로의 정보가 아니라 이 정보가 전해지고 제시되는 맥락이다.

What drives people to make decisions is not the information as it is, but the context in which this information is transmitted and presented.

662 사소하지만 과학적으로 확인된 설득 방법을 적절하게 실행하면 세상 사람들은 더 건강해질 것이고, 동료들은 당신의 요청을 더 잘 들어줄 것이다.

Properly implementing a small but scientifically confirmed method of persuasion will make the people of the world healthier and colleagues will listen your request better.

663 변화는 빛의 속도로 우리 앞길에 예기치 못한 도전을 던져놓는다.

Change throws an unexpected challenge in our way in the speed of light.

664 사람들은 일반적으로 자신이 이전에 한 약속 혹은 결정, 그중에서도 특히 능동적이고 자발적인 노력을 필요로 하며 공개적인 약속일수록 일관된 행동을 한다.

Generally, people show more consistent behaviors especially

to the ones that require active and voluntary efforts and that are opened among the promises and decisions they made previously.

665 특정 행동에만 관심을 집중하다 보면 의도치 않은 비생산적인 결과를 만들어내기도 한다.

Focusing only on certain actions may unintendly produce unproductive results.

666 무언가 이전과 다른 시도를 해 좋은 결과를 만든 직원에게 "참 잘했네요."하고 말해 주는 것만으로도 변화가 시작된다.

Change begins just by saying "Good job." to the employee who made a good result by trying something different than before.

667 다른 사람을 설득해 특정한 행동을 이끌어내려 할 때 '예'라는 말은 가장 아름다운 단어로 들릴 것이다. 하지만 '예' 다음에 이루어지는 행동이 없다면 소용없다.

The word 'yes' will sound as the most beautiful word when you try to persuade others to a particular action. But it's no use if there's no action after 'yes'.

668 사람들은 자신의 행동을 바꿔야 한다는 사실을 알고 있지만 바로 지금 바꾸고 싶어 하지는 않는다.

People know they have to change their behavior, but they don't want to change it right now.

669 인생에서 올바르게 살도록 수많은 사람들이 도움을 주었다는 사실은 명백하다. 그런데 그중 가장 고마운 사람은 누구일까? 바로 미래의 자기 자신이다.

It is clear that countless people have helped you to live properly in life. But who you should thank the most? It is yourself in the future.

670 사람들은 종종 스스로 세웠던 목표와 재회해야 할 필요가 있다.

Sometimes people need to reunite with the goals they have set.

치알디니는 컨설팅 회사 '인플루언스앳워크(Influence at Work)'의 설립자이자 대표이사로 재직 중이다. 그는 기업 기조 연설 프로그램, 치알디니 공인 인증 트레이닝(CMCT) 등을 고안해 구글, 마이크로소프트, 코카콜라 등 수많은 글로벌 기업 CEO와 사업가들에게 비즈니스 아이디어를 제시하고 있다.

대표 저서인 〈설득의 심리학〉은 전 세계 26개국에 번역되어 400만 부 이상 판매되었고, 이 책은 〈뉴욕타임스〉, 〈월스트리트 저널〉, 〈USA투데이〉의 베스트셀러로 선정되었을 뿐만 아니라 〈포춘〉의 '가장 뛰어난 비즈니스서 75권'과 〈800 CEO 리드〉의 '꼭 읽어야 할 최고의 비즈니스서 100권'에도 올랐다. 다른 저서로는 〈웃는 얼굴로 구워삶는 기술(Little Book of Yes)〉, 〈초전 설득(Pre-Suasion)〉, 〈설득의 기술(Harvard Business Review on The Persuasive Leader)〉 등이 있다.

671 나 자신과 다른 사람의 목표를 세우는 데 '작은' 변화를 만드는 것이 곧 큰 차이를 만들어낸다.

When getting goals for yourself and others, 'small' changes make big difference.

672 다른 경쟁자보다 경력이 부족한 이력서를 들고 일자리를 구하는 경우라면 가능성을 강조하는 접근법이 큰 도움이 될 것이다.

If you're looking for a job with a resume that lacks experience compared to other competitors, an approach that emphasizes the possibility will be of great help.

673 깔끔한 옷차림이 상대방을 설득하는 데 상당한 영향을

미치기도 한다.

Sometimes, neat attire has a significant influence on persuading others.

674 커뮤니케이터의 역할은 상대방의 태도와 의사결정, 행동을 변화시키는 메시지를 개발하고 전달하는 것이다.

The role of the communicator is to develop and deliver messages that change the attitude, decision and behavior of others.

675 모두가 전문가라고 주장하는 이런 정보 시대에 누구를 따라야 할지 어떻게 알 수 있을까?

How can we know whom to follow in this information age that everyone claims to be an expert?

676 우리는 환경의 영향을 받는다. 천장이 높으면 덜 구속적인 방식으로 사고하게 되고 사람들도 훨씬 더 창의적으로 만든다.

We are affected by the environment. Higher ceilings make people think in a less restrictive way and much more creative.

677 자신감 넘치는 포즈를 취하면 실제로 긍정적인 호르몬

이 분비된다.

Holding confident pose actually releases positive hormones.

678 때로는 좋은 일을 너무 많이 하는 것이 좋지 않은 일이
될 수도 있다.

Sometimes too much good things can be a bad thing.

679 해답은 … 요청하는 것이다! 생각보다 많은 사람들이 도
움을 요청하는 것을 어려워한다.

The answer is … to ask! More people feel difficult to ask for
help than you think.

680 다른 사람들이 생각하고 느끼고 행동하는 방식에 영향
을 주려 할 때 작은 변화를 통해 큰 차이를 만들 수 있
는 이유는 그것이 사소하고 작은 변화이기 때문이다.

The reason why small changes can make a big difference
when trying to influence the way others think, feel, and act is
that it is a small and minor change.

세상을 살기 위해서는 다른 사람들의 도움이 필요하다. 거
절의 두려움 때문에 부탁을 시도조차 하지 못한다면 많은 일
들을 이루지 못하고 묻어버리게 될 수 있다. 부탁이 어려운 이

유 중의 하나는 어렵게 부탁하기 때문이다. 어렵게 생각하고 고민하고 어렵게 부탁하는데 바로 거절당하면 실망이 클 수밖에 없다.

부탁한다고 생각하지 않고 단지 물어본다고 생각해 보면 어떨까? 서로가 부담이 되지 않도록 "…해 줄 수 있을까요?"하고 가볍게 물어보는 것이다. 상대방을 설득하는 것은 본인의 재량이다. 치알디니의 말처럼 사소한 차이가 큰 변화를 불러올 것이다. 가장 중요한 것은 시작이다. 먼저 물어보지 않으면 "Yes."는 영원히 없다.

감성지능과
공감능력의 힘

- 대니얼 골먼 -
Daniel Goleman, 1946~

미국의 헤드헌팅 회사가 경영자 1,300명을 조사한 결과, 자신이 자주 보는 직원을 윗자리로 발탁했다고 한다. 실력을 갖추는 것은 기본이지만, 그 실력을 알려서 윗사람의 눈에 잘 띄어야 한다는 것이다. 회사에서 공을 들여 숨은 인재를 찾는 일은 거의 없다. 평소 가까이 지내고 자주 보는 사람은 그만큼 믿음이 형성되어 있기 때문에 다른 사람을 찾을 필요가 없는 것이다.

그렇다면 그 믿음을 쌓는 실력도 있을까? 세계적인 심리학자이자, 가장 영향력 있는 경영사상가 중 한 사람인 대니얼 골먼은 'IQ'가 아닌 'EQ'라는 개념을 만들었다. 우리가 사회에서 일을 하며 살아갈 때, 학교 성적으로는 잴 수 없는 업무 능력이 있다는 것이다. 그는 그것을 '감성지능'이라고 부른다.

681 각 분야에서 특별한 감성지능을 펼치는 사람들이 이른바 '대박 실행가'로 떠오르고 있다.

People with special emotional intelligence in their fields are emerging as so-called 'hit practitioners'.

682 직장에서 탁월한 능력을 발휘하는 사람은, 기술적이고 분석적인 기술은 물론이고 그보다 몇 갑절 높은 감성지능의 소유자이다.

A man who excels at work not only has technical and analytical skills, but also has the emotional intelligence several times higher than that.

683 성공을 위해서는 훌륭한 지식이나 기술적인 솜씨 이상의 것이 필요하며, 갈수록 치열해지는 직업 환경에서 살아남으려면 또 다른 종류의 능력이 필요하다는 걸 사람들이 깨닫기 시작했다.

People began to realize that we need more than good know-ledge or technical skills to success and that we need different kinds of ability to survive in the job environment which is getting tougher and tougher.

684 복원력, 주도력, 낙관주의, 적응력 등이 새롭게 그 가치를 인정받는 내적 자질로 부상하고 있다.

Abilities such as resilience, leadership, optimism and adaptability are emerging as newly recognized inner qualities.

685 직장에서 지위가 높을수록 그 사람의 감성지능은 더욱 중요한 문제로 떠오른다.

One's emotional intelligence becomes more important problem as his position at work gets higher.

686 한때 대학 성적이나 기술 능력에 따라 직장을 고르던 시절이 있었지만, 오늘날에는 그런 것들이 직장을 얻는 데 필요한 기본 요건에 불과하다.

There were times when people chose jobs based on their college grades or technical skills, but today those are just the basic requirements to get a job.

687 감성지능은 성격, 인성, 성숙도, 도전의식은 물론 대인관계, 윤리관, 소통력을 가리키는 비기술적인 자질을 모두 일컫는다.

Emotional intelligence refers to all non-technical qualities such as interpersonal relationships, ethics and communication skills as well as characteristic, personality, maturity, and challenging spirit.

688 감성지능은 '좋은 사람 되기.' 혹은 감정 표현과 관계된 문제가 아니다.

Emotional intelligence is not about 'being a good person' or emotional expressions.

689 감성지능은 감정을 적절한 시기에 적절한 방식으로 표현하는 방법이며, 타인에 대한 감정이입을 통해 그들과 일을 잘해나가는 능력이다.

Emotional intelligence is a way of expressing emotions in appropriate time in appropriate way, and is the ability to work well with others through empathy.

690 IQ가 업무 수행 능력에 미치는 영향은 전체의 25퍼센트에 불과하다.

IQ accounts only 25 percent for work performance.

골먼은 하버드 대학에서 박사 학위를 받고 겸임교수를 역임했으며, 12년 동안 〈뉴욕타임스〉에 뇌와 행동과학에 관한 글을 기고했고, 〈타임〉에 기고한 글로 퓰리처상 후보로 2회 선정되었다. 그는 "사회 생활에서는 IQ보다 EQ가 중요하며, EQ는 학습을 통해 개발될 수 있다."라는 주장을 함으로써 교육의 패러다임을 바꾸어버렸다. 그는 감성지능의 개념을 통해 인류가 그동안 자신들 속에 묻혀 있던 소중한 감성능력을 재인식하고, 효과적으로 발휘할 수 있는 지혜와 자신감을 북돋아주었다.

그는 거기에 그치지 않고 사회지능(SQ)분야의 연구에 매달렸으며, 그 개념은 리더십과 부드러운 상호연관에 관련이 있다. 그는 감성지능 능력을 개발하는 것을 위한 행동들을 권하고, 일터 효과에 감성 지수의 기부에 대한 연구를 진행하고 있다.

691 성공적인 경영자는 위기 상황에서도 침착함을 유지하고, 남에 대한 비판에 신중하며, 자발적이고, 같이 일하는 사람들의 요구를 확실히 인식한다.

Successful CEO is calm in crisis, cautious in criticizing others, willing, and good at recognizing the needs of the people they work with.

692 선천적으로 타고난 IQ와는 달리, EQ는 살아가면서 폭넓게 학습할 수 있다.

Unlike IQ you are innately born with, EQ can be extensively learned in life.

693 다른 사람을 '앞서는' 능력은 결코 학교나 대학에서 배운 지식에 따라 결정되지 않는다.

The ability 'to be ahead' of others is not determined by the knowledge we have learned at school or college.

694 자기를 확실히 인식하는 사람은 자신감으로 알아볼 수 있다. 그때 자신의 능력을 확실히 파악할 수 있으며, 공연히 주어진 과업을 확대하여 실패할 가능성이 작아진다.

We can recognize people who certainly acknowledge themselves with their confidence. When they do so, they can understand their abilities properly and have less chance to fail their tasks by unnecessarily expending them.

695 많은 경영자들은 비판하는 데는 너무나 거리낌이 없으면서도 칭찬에는 인색하다. 그리하여 직원들은 자신이 실수할 때만 지적을 받는다고 느낀다.

Many CEOs don't hesitate to criticize but are sparing with praise. Therefore, employees feel criticized only when they made mistakes.

696 오늘날 우리들은 똑똑한 정도 혹은 전문지식이 얼마나 많은지 뿐만 아니라 나와 상대방의 감정을 조율할 수 있는 정도로 새로운 척도로 평가받고 있다.

We're being judged by a new yardstick: not just by how smart

we are, or by our training and expertise, but also by how well
we handle ourselves and each other.

697 기술이 발달하면서 사람들을 가상현실로 빨아들이는 만큼
사람들은 주변에 살아 움직이는 것들에 대해 무관심해진다.

People become indifferent to living things around them as
much as advancing technology suck people into virtual reality.

698 마음챙김은 우리의 뇌를 건강하게 만들고, 자기 조절 능
력을 향상시키며, 의사결정을 효과적으로 내리도록 도와
주고, 독약과 같은 스트레스로부터 우리를 보호하는 '필
수품'이다.

Mindfulness is a 'must-have' to keep our brains healthy,
to support self-regulation and effective decision-making
capabilities, and to protect us from poisonous stress.

699 "이런 일은 이런 방식대로 해야 해."라는 말은 틀렸다. 어
떤 일이든 항상 다양한 방법이 존재하게 마련이고, 그 가
운데서 지금 처한 상황에 맞는 방식을 선택할 뿐이다.

The saying "you have to do it this way." is wrong. There's
always a variety of ways to do something, and we just choose a
proper way to the current situation among them.

700 상대방, 나아가 다른 공동체와 사회를 이해하고 하나의 마음으로 결합되었을 때, 우리의 사회지능은 개인의 성장과 성취뿐만 아니라 인류의 평화로운 공존을 위한 밑거름이 될 것이다.

When we understand and are united in one mind with our opponent, further with other communities and societies, our social intelligence will be served as a foundation for the peaceful coexistence of humanity as well as the growth and achievement of individuals.

모든 것은 결국 사람이 하는 일이다. 사람과의 소통을 잘해야 회사생활도 한다. 회사생활에서의 장기승부는 실력보다는 충성심이다. 회사에서 어느 정도 위치가 되었다면 이미 실력은 검증되었다는 것이다. 다음 척도는 가능성과 충성심이다.

아무리 실력이 좋은 인재라 하더라도 한 번의 실수를 책임지지 않고 그만두면 회사에는 엄청난 타격이 될 것이다. 따라서 큰일을 맡길 인재를 고르는 기준은 회사에 대한 충성심, 즉 사원의 신뢰도일 수밖에 없다. 완벽하지 않아도 된다. 실수를 했다면 책임지면 되는 일이다. 그런 회복탄력성과 건강한 자아존중감, 그리고 타인과 소통하며 살아갈 수 있는 감성지능을 기른다면 어떤 조직에서도 우수한 사람으로 평가받을 수 있을 것이다.

실제로 우리가 주의를 기울이는 대상, 즉 우리의 마음이 어디에 머무느냐가 뇌의 모양을 결정짓는 일차적 요인이다. 대체로 우리는 자신의 마음이 머무는 곳에 많은 영향을 미친다. 말하자면 우리는 뇌를 더 나은 방향으로 변화시킬 수 있는 경험을 의도적으로 늘리거나 심지어는 만들어 낼 수 있다.

_릭 핸슨, 〈행복 뇌 접속〉 중에서

사람에게 빈 통을 주고 100달러, 500달러, 1,000달러가 깔려 있는 밭에 가서 1시간 동안 주워 담는 기회를 제공하는 실험을 했습니다. 단, 각각의 거리가 달라 100달러 밭은 가까이에 500달러 밭은 좀 더 멀리, 1,000달러 밭은 언덕 너머에 있습니다. 많은 사람들이 참여한다면 결과가 어떨까요?

결과는 출발점에 많은 사람들이 그대로 있고, 100달러 밭, 500달러 밭, 1,000달러 밭으로 갈수록 사람들이 크게 줄어들었습니다.

앞의 예는 우리의 뇌에 대한 심리학적 실험결과입니다. 100 달러, 500달러, 1,000달러 아니 더 많은 기회가 있는데도 움직이지 않는 것이 뇌의 기본 속성입니다. 뇌 자체는 변화를 싫어하기 때문입니다.

또 다른 실험이 있습니다. 실력이 비슷한 두 집단을 같은 문제로 테스트했습니다. 두 집단 간의 차이는 사전 예상 문제에 두었습니다. A그룹의 예상 문제지에는 중요한 부분에 밑줄이 그어져 있던 반면, B그룹의 예상 문제지에는 밑줄이 그어져 있지 않았습니다. 테스트 결과는 어땠을까요?

대부분의 사람은 밑줄 친 예상 문제를 받은 A그룹의 시험 결과가 우수하리라 예상할 것입니다. 그러나 결과는 반대로 나타났습니다. 그 이유는 A그룹은 밑줄 친 부분만 집중적으로 암기했고, B그룹은 스스로 중요한 부분을 찾아서 융통성 있게 학습했기 때문입니다.

우리는 위 두 가지 인간심리 실험을 통해 한 번 굳어진 사고의 습관이 얼마나 다른 결과를 초래하게 되는지 알 수 있습니다. 그러나 우리의 뇌는 좋은 것, 새로운 것, 행복한 것을 지속적으로 경험하고자 하는 의지가 있다면 성장하고 변화할 수 있습니다. 자기 자신이 긍정의 페르소나를 썼을 때 인간은 무한한 잠재력을 발휘하기도 합니다. 이 책을 읽으신 독자분들은 좀 더 넓은 인간에 대한 이해와 통찰을 가지시길 바랍니다.

타인의 속마음,
심리학자들의 명언 700

초판 1쇄 발행 2020년 11월 2일
초판 5쇄 발행 2022년 4월 1일

지은이 | 김태현
기획 편집 총괄 | 호혜정
편집 | 이다현
기획 | 이지영 이나은
표지·본문 디자인 | 이선영
교정교열 | 호혜정 김수정 김민아
마케팅 | 최미남 김태현
펴낸곳 | 리텍 콘텐츠
주소 | 서울시 용산구 원효로 162 세원빌딩 606호
전화 | 02-2051-0311   팩스 | 02-6280-0371
이 메 일 | ritec1@naver.com
홈페이지 | http://www.ritec.co.kr
페이스북 | 블로그 | 카카오스토리채널 | [책속의 처세]
ISBN | ISBN 979-11-86151-41-9 (03190)

· 이 도서의 국립중앙도서관 출판예정도서목록(CIP)은 서지정보유통지원시
  스템 홈페이지(http://seoji.nl.go.kr)와 국가자료총합목록 구축시스템(http://
  kolis-net.nl.go.kr)에서 이용하실 수 있습니다.
  (CIP제어번호:CIP2020039554)